GUY CARLIER

Guy Carlier, ancien directeur financier, est devenu à la radio l'un des plus redoutables et inspirés chroniqueurs du petit écran, d'abord auprès de Laurent Ruquier en 1995 (sous le pseudonyme de Monsieur Le Tallec) et désormais dans l'émission de Stéphane Bern, "Le fou du roi". Il sévissait également dans « Inter Matin » de Stéphane Paoli sur France Inter, avec une fameuse lettre adressée à une personnalité. Après *Splendeurs et misères du petit écran* (2000, Hors Collection), Guy Carlier publia chez le même éditeur en février 2002 des *Chroniques télé et lettres matinales* très attendues.

NOUVELLES CHRONIQUES TÉLÉ

Du même auteur
chez Pocket

Splendeurs et misères du petit écran.

GUY CARLIER

NOUVELLES CHRONIQUES TÉLÉ

préface de Bruno Masure

ÉDITIONS
HORS COLLECTION

à J.

ISBN : 2-266-12789-6

Sommaire

PRÉFACE

Bruno habite près de Turin. Il est déficient mental léger. Parce qu'ils ont honte de lui, ses parents l'ont enfermé vingt-trois ans dans un réduit avec, pour toute compagnie, un téléviseur ! Vingt-trois ans devant la télé. Étonnez-vous qu'il dé-RAÏ... De plus, ces derniers temps, gavé de berlusconneries !

Quand les carabiniers l'ont sorti du placard, Bruno était, paraît-il, légèrement hagard (du Nord, puisque l'histoire se passe à Turin).

Guy habite Argenteuil. Il est, lui aussi, « anormal ». Malgré une jeunesse heureuse et équilibrée, cajolé par ses parents et apprécié de ses petites copines de l'école Paul Vaillant-Couturier, Guy est planté devant sa télé depuis vingt-trois ans, alors qu'il y a tellement de choses plus passionnantes à faire ! Feuilleter *Télé 7 Jours*, relire les romans de Claire Chazal, s'entraîner avec Poivre pour le marathon de New York, dévorer les Mémoires de Loana. Voire, pour les plus intellectuel(le)s, apprendre mes poèmes par cœur... Eh bien, non ! Développant une forme particulière de masochisme qui en dit long sur ses perversités inavouables, Guy s'obstine à regarder ce que notre télévision propose de plus consternant. Or, consommer sans modération les prestations de Montiel, Fontaine et Bataille et autre Morandini n'est pas sans laisser d'irréversibles séquelles. Sourd aux objurgations de son épouse légitime, fâchée de le voir perdre en compagnie de Christine Bravo — ou, pis encore, de Clémence Arnaud — les heures normalement dévolues à la reproduction de l'espèce, Guy n'est pas ressorti mentalement indemne de ces visionnages intensifs...

La preuve : il m'a proposé de préfacer le tome 2 de ses œuvres complètes, reliées pleine peau.
Flatté, j'ai pourtant tergiversé, pour deux raisons. D'abord parce que Guy, en guise de gratification, me proposait de partager une Kro au bar de la Maison de la Radio, alors que certains de mes confrères, et non des moindres, prennent 5 000 euros pour faire une apparition dans un cocktail ! Ensuite, et surtout, parce que l'honneur était redoutable : le premier tome ayant reçu l'onction de l'abbé François Morel, je me retrouvais dans la situation, au mieux, de Mireille Mathieu tentant de faire oublier Édith Piaf ou, au pis, de Daniela Lumbroso rêvant de succéder à Bernard Pivot !
Reculant chaque jour le moment de téléphoner mon lâche renoncement, je suis tombé, une nuit d'insomnie, sur le livre de Daniel Vaillant, *C'est ma Gauche* paru chez Plon (très bon éditeur !) et ainsi préfacé par Lionel J. : « J'ai de l'amitié pour ce livre, sans doute parce que celui qui l'a écrit est mon ami ! »
À cœur Vaillant, rien d'impossible. J'ai donc aussitôt pris la plume, con vaincu par l'évidence de la tautologie[1].
« Je me suis mariée, car il n'y avait rien de bien à la télé… » Si Guy Carlier avait copié Bette Midler, il aurait, à ce jour, constitué un impressionnant harem… Entomologiste pervers, il consacre son temps à étudier la prolifération d'une espèce qui adore les espèces : les « empaffés », ainsi définis par le Petit Robert (à la colle avec la rousse) : « qui font fortune en inondant le PAF d'émissions de plus en plus consternantes ».

---

1. Non, cher Julien Lepers, la tautologie n'est pas l'art de raconter des blagues de Toto à la maison. (*Note de l'éditeur*)

Oui, je l'affirme, Guy — a good guy ! — fait œuvre de salubrité publique. En dénonçant sans langue de bois, sur les ondes de France Inter, la malfaisance de ces jeunes gens sans scrupule ni culture, si cons tant d'eux et qui ont pris en otage notre télévision, machine à rêver transformée en planche à billets... En pointant cruellement l'insupportable niaiserie de ces « gourdasses » qui polluent nos antennes (ah, l'admirable néologisme[2] que cette synthèse de la gourde et de la pétasse !)... La crétinerie télévisuelle n'étant pas, loin de là, l'apanage du sexe féminin, je propose de dénoncer l'invasion cathodique des « crétinets », ces crétins aux allures de minet qui ânonnent péniblement au prompteur leurs trente mots de vocabulaire.

Mais le pire n'est jamais sûr ! Comme l'a prophétisé l'ami Frédéric Dard, « un jour viendra où l'homme brisera les tubes cathodiques à coups de hache et grimpera scier l'antenne de la tour Eiffel. Le sursaut se produira [...] Juste les très vieillards et les grabataires auront encore le droit de visionner un peu. On retrouvera la campagne, la pluie, les fleurs, la baise, bref, la liberté... » Et mon Guy se retrouvera au chômage technique ? Que nenni ! Prévoyant, il a déjà entamé une brillante reconversion, avec ses « lettres matinales » jetées dans la boîte aux lettres de France Inter.

Bon, assez tiré à la ligne, comme on dit à Canal +. « Une mauvaise préface allonge considérablement un mauvais livre », persiflait Vauvenargues (moraliste français, 1715-1747, si j'en crois la fiche de Julien L.). Je vous

2. Voilà un deuxième mot un peu compliqué. Mes excuses à Julien L.

laisse dévorer ce livre pour lequel j'ai de l'amitié, sans doute parce que celui qui l'a écrit est mon ami.

Bruno Masure

CHRONIQUES TÉLÉ

ADLER Laure

NOVEMBRE 1995

J'ai regardé hier soir « Le Cercle de minuit ». Compte tenu de son heure de diffusion tardive, je ne connaissais pas cette émission, dont le public est constitué de feignasses gauchistes qui n'ont pas à se lever le lendemain matin. J'avoue que je n'ai pas perçu tout de suite l'intérêt d'un tel programme. Pour commencer, un écrivain ouzbek avec une cravate de réfugié albanais parlait de son livre intitulé *Voyage dans l'absurde condition humaine au-delà du mal et des escalopes milanaises.* Puis un griot africain en pagne est venu interpréter un air du folklore sénégalais en s'accompagnant d'un instrument traditionnel constitué d'une seule corde. Il s'agissait d'une mélopée ancestrale, mais également lancinante, très lancinante, lancinante à un point que vous avez du mal à imaginer…

Pour terminer, le metteur en scène du théâtre subventionné d'une municipalité communiste — dont on devinait même à la télévision qu'il avait une haleine épouvantable — est venu nous parler de l'hommage à Molière qu'il va monter prochainement à la MJC de Bobigny, sous le titre évocateur et elliptique de « Fucking Poquelin ».

Affligé par un tel programme, j'allais appuyer sur le bouton off de ma télécommande lorsque j'arrêtais brusquement mon geste (« ô doigt, suspens ton vol ») car soudain, je venais de voir apparaître… les genoux de Laure Adler ! Là, j'ai compris que l'idée géniale du

« Cercle de minuit » consiste à inviter des gens très laids et surtout très chiants pour que notre attention ne soit pas distraite un seul instant des genoux de Laure !
« Les genoux de Laure »... On dirait un titre de film néo-romantique, on dirait du Rohmer et c'est pourtant vrai qu'elle a le genou romantique, Laure. Comme d'autres ont le genou organique... Il existe un mystère des jambes féminines. Par exemple, lorsqu'on regarde les cuisses de la baronne de Rothschild, qui curieusement persiste à les montrer à chacune de ses apparitions télévisées, on pense : « C'est d'la viande ! » On se dit : « Tiens au fait, c'est vrai, dans une femme y a aussi de la chair, des veines qui font des nœuds et du gras comme dans le jambon polyphosphaté ! » Alors que les genoux de Laure évoquent un déjeuner sur une terrasse en Toscane au mois de juin, le vent qui joue dans les cyprès, avec le goût de la mozzarella et de l'huile d'olive sur du pain de campagne... Je suis sûr qu'on a dû faire beaucoup de déclarations d'amour à Laure Adler, mais je suis sans doute le seul à lui avoir dit que ses genoux avaient un goût de mozzarella sur du pain de campagne toscan...

ALORS HEUREUX ?

NOVEMBRE 1999

Le magazine « Alors heureux ? » est programmé sur France 2, le mercredi soir en deuxième partie de soirée. L'émission est constituée de la façon suivante : quatre témoins autour d'une table racontent leur expérience, puis le présentateur se rend dans une autre pièce où un psy commente avec compassion ce qui vient d'être dit. C'est de la psychanalyse minute, en quelque sorte du « Bolino » d'analyse...

L'autre soir, à propos des femmes dépensières, le psy n'a pas été catégorique, mais on sentait qu'il voulait nous faire comprendre qu'il s'agissait en général de belles salopes. D'autant que l'invitée suivante était Caroline Barclay, dont je me demande à chaque fois que je la vois à la télé quel est son métier. Caroline Barclay expliquait sans rire que quand elle a rencontré Eddie Barclay, elle ignorait que ce dernier était riche ! Ça doit être freudien, c'est sans doute parce qu'elle avait vu des enseignes « Barclay's Bank ».

Une autre jeune fille qui a suivi le même itinéraire que Caroline Barclay — c'est-à-dire qu'elle pratiquait la fellation gériatrique — précisait que ce n'était pas du tout pour l'argent. Mais elle a reconnu que c'était quand même agréable quand l'ancêtre l'emmenait dans les grands restaus et chez les grands couturiers...

Là, Frédéric Lopez a eu cette réaction spontanée : « Ah oui, comme Pretty Woman ! » La fille s'est indignée et lui a dit : « Ça va pas, non ? Dans *Pretty Woman*, la fille est une pute !... »

C'est à ce moment précis que ça m'est revenu, le métier de Caroline Barclay que je cherchais depuis le début.

Une autre dame racontait avoir vécu quinze ans avec un rat de la pire espèce — son mari —, qui cachait le pain dans la voiture entre les repas. Question de Frédéric Lopez : « Mais pourquoi avoir vécu quinze ans avec un type pareil ? » La dame répond : « Ben, il avait des qualités, il était pas fumeur… » Il vaut mieux entendre ça que d'être sourd !

Les sourds étant d'ailleurs l'un des autres sujets de l'émission. Là, l'aspect psychologique a été très limité, l'animateur se bornant à leur demander comment on disait des cochonneries dans la langue des signes. Alors pour votre information, « quéquette » se dit de deux façons : soit vous fermez le poing et vous relevez un peu l'auriculaire — ça, c'est une petite bite ! Soit, si le monsieur a été gâté par Dame Nature, vous faites comme si vous enserriez entre vos mains une canalisation de tout-à-l'égout ! Donc Mesdames, n'oubliez pas, lorsque vous raconterez une nuit d'amour à une copine sourde-muette : si c'était Vincent Perrot, le poing serré et le petit doigt relevé, et si c'était Rocco Siffredi, vous tenez un pipe-line !

Quant à l'expression « faire l'amour », vous dessinez un zéro avec le pouce et l'index comme pour faire une lunette, mais vous faites glisser en un élégant va-et-vient sur le nez. Bref, vous l'avez compris, le sujet a pénétré profondément le monde des sourds-muets !

ARNAUD CLÉMENCE

MAI 2001

J'ai regardé la dernière de « Fous d'humour », la désormais défunte émission de France 2. Pour ceux qui ne l'auraient jamais vue, en voici le concept : des comiques dont le producteur est le même que celui de l'émission viennent autour d'une table essayer par leur talent de faire monter une ambiance que Clémence Arnaud fait immédiatement retomber par son incompétence. Pour compenser ce néant artistique, l'animatrice essaie de se la jouer sexe, mais elle n'est que vulgaire. Et quand elle veut faire rire, elle est pathétique. Malgré des participants de qualité comme François Rollin, l'émission n'a pas marché, et France 2 a décidé d'y mettre fin. Du coup hier soir, Clémence Arnaud nous a fait un discours d'adieu, scolaire et surjoué, dans lequel elle a laissé entendre sans rire que les raisons pour le moins mystérieuses de la suppression de « Fous d'humour » étaient politiques et semblaient venir de très haut.

Puis, elle a poursuivi en disant — je cite : « Peut-être a-t-on arrêté "Fous d'humour" parce que je n'ai pas couché. » Cette affirmation prenait toute sa saveur lorsqu'on sait qu'elle vit avec le producteur de l'émission !... Heureusement, elle a retrouvé toute sa lucidité sur la fin de son speech en comprenant les véritables raisons de l'arrêt de « Fous d'humour », car elle a conclu ainsi : « Qu'est-ce que j'chui conne ! »

ARTE

MARS 1997

Hier, la soirée thématique d'Arte consacrée à la prêtrise s'intitulait : « Quête de sens, désir de croire, serviteurs de Dieu ». Bon c'est vrai, ce titre est un peu facile, mais il faut parfois savoir faire certaines concessions à l'Audimat. La soirée avait plutôt bien commencé avec un documentaire passionnant qui évoquait la place du prêtre dans l'imaginaire social, mais c'est après que ça a commencé à dégénérer. Arte a jugé bon de tomber dans le show-business et les paillettes avec ce débat entre un pasteur luthérien allemand et un psychiatre jungien. Alors là je dis stop ! Halte à la démagogie et à la vulgarité ! Pourquoi ce luxueux décor tape-à-l'œil constitué d'un bureau, de trois chaises en fer et d'une plante verte en arrière-plan ? Pourquoi pas des confettis et des langues de belles-mères pendant qu'on y est ? C'est bien simple, on se serait crus chez Patrick Sébastien ! Un tel luxe tapageur, ça devenait indécent !

Quant au débat en lui-même, il nous a rappelé les meilleurs moments des émissions de Christophe Dechavanne, arguments populistes et interventions grossières ! Pour vous donner un exemple, à un moment le pasteur luthérien n'a pas hésité à dire : « Si le dogme est infaillible, qu'en est-il de la conscience humaine ? » Est-ce que vous vous rendez compte ?

Mais ce n'est pas fini. Le pire était à venir. Ce débat était suivi d'un film — probablement de la série « Mon curé chez les nudistes » — qui s'appelait *Journal d'un curé de campagne*, d'un certain Robert Bresson. Pseudonyme grossier et ridicule qui ne trompe personne. On se doute bien qu'avec un titre de film pareil, celui qui se fait appeler Bresson n'est autre que Max Pécas ! Je n'ai pas regardé le film, mais j'imagine qu'il s'agit d'une espèce de grosse farce franchouillarde. Rien qu'en lisant le résumé dans *Télé 7 Jours*, on avait tout de suite compris : « Le curé d'Ambricourt en mauvaise santé trouve un réconfort spirituel auprès du curé de Torcy, le village voisin. » On imagine que tout ça n'est que le prétexte à des gros plans obscènes sur les lèvres purpurines de femmes qui se saisissent de l'hostie à la communion. C'est ignoble ! Ça n'a pas de nom !

Nous n'en avions hélas pas terminé avec la luxure, car ce film était suivi d'une enquête intitulée « Dieu a besoin des femmes », dans laquelle on interrogeait de jeunes séminaristes allemands moustachus auxquels il ne manquait que des déguisements de Village People, et qui de surcroît avaient installé une salle de musculation dans leur couvent. Ils ont tous répondu : « Oui, Dieu a sûrement besoin des femmes, mais nous pas du tout ! »

C'est juste après que le programmateur d'Arte a dû péter les plombs : cette soirée thématique sur la prêtrise s'achevait — authentique — par le dessin animé *La panthère rose* ! À mon avis c'est par une association d'idées sataniques avec le documentaire sur les jeunes séminaristes…

AVENTURIERS DE KOH-LANTA (LES)

SEPTEMBRE 2001

J'ai regardé « Koh-Lanta ». Je m'apprêtais à me lancer dans une diatribe façon Loft, mais il n'y a pas de quoi s'affoler. « Koh-Lanta » n'est qu'une bluette complètement bidonnée. En fait, d'aventures, il n'y en a pas plus que dans le film *Les Bronzés*. Tout d'abord, et contrairement à ce qu'affirme TF1, « Koh-Lanta » n'a absolument rien d'une île inconnue et inhospitalière, puisqu'il s'agit d'une destination touristique que toutes les agences de voyages incluent dans leurs circuits en Thaïlande ! Quant à l'émission elle-même, elle a été tournée il y a plus d'un an... Ce qui a permis à la production de la monter et de la remonter, de faire des raccords en studio pour faire livrer une benne de sable... C'est tout juste si sur le palmier il n'y a pas écrit : « Propriété de la SFP »... Ça doit être des vieux décors qu'ils ont récupérés des émissions de Maritie et Gilbert Carpentier, des « Top à Carlos » ou à Antoine !... Et puis surtout, sur l'île il y a toute l'équipe technique qui vit à quelques mètres des soi-disant naufragés. C'est-à-dire soixante-dix personnes avec des mobile homes, tout le matériel, les hélicos, etc. C'est tout juste s'ils n'ont pas aménagé un aérodrome !

En fait « Koh-Lanta », c'est « Fort Boyard » mais sans le fort avec la tour tout en haut et le vieux Georges Moustaki qui pose des énigmes. Dans « Koh-Lanta », c'est Hubert Auriol qui fait le Père Fouras... Il est nul, il récite péniblement un texte appris par cœur, on dirait un présentateur de « La tête et les jambes » dans les années 1950. C'est bien simple, c'est pas Hubert Auriol, c'est Vincent Auriol !

L'émission a tellement été bidonnée qu'à un moment lors d'une épreuve, on a vu un archer tirer une flèche aux ailettes bleues... qui lorsqu'elle a atteint sa cible avait des ailettes rouges ! Autre exemple : les candidats devaient trouver de l'eau et faisaient semblant d'avoir soif. Une voix dramatisait la situation en disant sur un ton d'outre-tombe : « Arriveront-ils à trouver de l'eau ? »… Franchement, on n'imagine pas que TF1 les laisse mourir de soif. Vous voyez les journaux ? « Deux candidats d'un jeu à la con meurent de soif. » De toute façon il ne peut rien leur arriver, aux candidats. TF1 risque un procès à la moindre écorchure, alors vous pensez bien qu'ils les chouchoutent.

De plus, quand on les voit marcher quasiment à bout de force, les candidats sont filmés par une équipe de trois personnes : un caméraman, un perchiste et un journaliste. Et une autre équipe les attend au point d'eau… Ils sont censés avoir marché comme ça pendant deux jours dans la forêt… Mais pendant ce temps-là, vous imaginez bien que les techniciens, ils mangent, ils boivent, ils font les pauses syndicales et en plus ils ont droit à leur RTT ! Donc à chaque fois qu'ils s'arrêtent, les candidats doivent s'arrêter aussi ! Est-ce que vous envisagez les techniciens disant : « Stop, c'est l'heure de la pause ! » et se mettant à sortir des boissons fraîches et à se goinfrer de Sunday fraise devant les candidats ? Évidemment que non ! Ils bouffent et boivent tous ensemble… et ils discutent le coup. Ça doit donner ça :

Le technicien : « Tiens, tu veux un Coca ? »

Le candidat : « T'aurais pas un p'tit Minute Maid à la pomme ? »

Le technicien : « Ben non, ils sont chiants à la production, ils m'ont mis que parfum fruits tropicaux ! »

Le candidat : « Bon ben… Va pour un Coca ! »

Il boit, émet un rot sonore qui fait s'enfuir un cacatoès puis demande au technicien : « T'as vu, j'étais bien quand j'ai fait "Arhhh... À boire..." »

Le technicien : « Oui, mais au moment où tu titubais, t'étais à contre-jour. On refera un plan après la pause. Tu veux un peu de tarama ? »

Le candidat : « Non merci, j'ai pris trois kilos depuis le début du jeu, ça la fout mal pour un aventurier du bout du monde... »

Comme c'est un jeu destiné à TF1, il y a forcément un peu de cul. L'autre jour, la voix off nous donne une information qui *a priori* nous semble totalement inintéressante : « Romain est celui qui consacre le plus de temps à l'hygiène de son corps... » Il faut savoir que Romain est un athlète noir au corps sculptural. Plus précisément, il a des fesses rondes et musclées. Et on a eu droit à une séquence interminable de Romain sous la douche... C'était ahurissant, on aurait cru « Le journal du hard » ! Le type prenait des poses lascives, et que j'te savonne, et que j'te rince... Avec des gros plans... En plus il ne s'est lavé que les fesses ! Bonjour l'hygiène !

BARCLAY Eddie

FÉVRIER 1998

J'ai regardé hier soir « C'est l'heure » de Jean-Luc Delarue. L'invité était Eddie Barclay. C'est vrai qu'Eddie Barclay ressemble de plus en plus à sa caricature. Il parle de lui au pluriel, il paraît très fatigué — au sens où l'on dit du pape qu'il est fatigué —, il tintinnabule du dentier, il faut lui parler très fort et dans la bonne oreille… Ça sent l'infirmière en coulisses et la couche Confiance. La surprise que lui avait réservée Jean-Luc Delarue c'était… Stéphane Collaro ! Tu parles s'il était surpris, Barclay ! Mais justement, après les banalités d'usage sur les fêtes en blanc, les stars, Saint-Tropez etc., Collaro dit : « Je connais tout d'Eddie et je vois immédiatement quand il souffre d'un chagrin d'amour… » Là, Barclay d'une voix blanche, les larmes aux yeux, murmure : « Y a qu'à m'regarder en ce moment… » Et soudain cette caricature du superficiel est devenue un vieil homme pathétique. Quelques instants auparavant il venait de remercier le chirurgien qui lui avait sauvé la vie il y a deux ans lors d'une crise cardiaque. Et soudain, on s'apercevait qu'une autre maladie, inguérissable celle-là, lui faisait exploser le cœur. Et que cette blessure ne cicatriserait jamais…

BERN Stéphane

NOVEMBRE 1999

L'événement majeur de ces derniers jours à la télévision fut sans conteste la rentrée tonitruante de Stéphane Bern dans l'émission de Thierry Ardisson « Tout le monde en parle », samedi sur France 2. Était-il stimulé par la présence sur le plateau d'intellectuels comme Linda Hardy ? Nul ne le sait. Toujours est-il que notre ami Stéphane fut particulièrement brillant.

Il commença très fort en racontant une anecdote historique dont l'humour n'était pas sans rappeler les meilleurs moments de Jean Roucas. Il s'agit de l'histoire de la pince à sucre du comte de Paris : « À chaque fois que le comte de Paris prenait un café, sa gouvernante lui disait : "Prenez le sucre avec la pince… Monseigneur !" » Dans l'émission d'Ardisson, Linda Hardy fut la seule à rire très fort. On la sentait soulagée d'avoir compris le jeu de mots : elle sortait d'une épreuve cruelle avec un invité qui venait de lui parler de Rosa Luxemburg — là, elle avait eu plus de mal à percuter. Elle a plissé le front, on voyait bien qu'elle faisait un effort pour comprendre, et à un moment a failli dire : « Mais… c'est Radio Luxembourg, pas Rosa Luxemburg ! »

MAI 2000

Hier soir en zappant, j'ai cru être victime d'une hallucination. En effet, le film *Forrest Gump* — l'histoire du neu-neu qui regarde le monde avec des yeux innocents et émerveillés — était diffusé au même moment sur deux chaînes ! Sur TF1, avec Tom Hanks dans le rôle principal et… sur France 3, où il m'a fallu un peu de temps pour comprendre que ce neu-neu qui fixait la caméra en souriant d'un air niais n'était pas Forrest Gump mais… Stéphane Bern, dans l'émission « Les bêtises de Monsieur Pierre » !

Vous allez comprendre à quel point la confusion avec Forrest Gump était possible lorsque je vous aurai rappelé qu'à chaque fois que Stéphane va vendre son livre dans une émission de télé, il s'assied sagement façon premier de la classe et regarde la caméra en faisant la tête de Charles Trenet après son attaque — c'est-à-dire figée. Il reste alors comme ça, silencieux et hémiplégique, à attendre qu'on lui parle de son livre. Là, il raconte toujours la même anecdote, celle du cheval de la reine qui pète, puis il reprend la pose et attend que ça se passe…

Les autres invités étaient Peggy Boucher, Sophie Garel et deux imitateurs, Sandrine Alexi et Yves Lecoq. Tout le monde s'ennuyait ferme : il faut savoir que « Les bêtises de Monsieur Pierre » est un bêtisier qui présente la particularité de reprendre des images qu'on a déjà vues mille fois ailleurs. En plus hier c'était le « Best of », c'est-à-dire qu'on rediffusait des images de l'émission ! Il y a des trucs, comme le singe qui attrape le chemisier de la journaliste anglaise, on les a vus 7 241 fois !… Vous l'avez compris, c'est une émission qui a dû coûter cher !

Et notre ami Stéphane, me direz-vous ? Eh bien figurez-vous que l'émission a commencé à 20 h 55, et que c'est seulement à… 22 h 8 que Pierre Bellemare s'adressa à lui. Ça faisait donc plus d'une heure que l'autre nous faisait « Y a d'la joie, bonjour bonjour les hirondelles… » en regardant la caméra !… Enfin, Pierre Bellemare lui demande une anecdote sur la famille royale d'Angleterre. Comme on s'y attendait, Stéphane raconte l'histoire du cheval de la reine qui pète. Comme ça a beaucoup fait rire Sandrine Alexi, notre ami Stéphane s'est enhardi et lancé dans la narration de l'arrivée du shah de Perse à l'Exposition universelle de 1900.

Pour être honnête, tout le monde s'en foutait. Par pure politesse, Bellemare a demandé en quelle année ça se passait. Stéphane a répondu : « Vers 1900, je vous l'ai déjà dit ! » Et tout le monde a fait : « Aaaaah... » Alors Stéphane, pensant qu'ils s'intéressaient, en a remis une couche en narrant sa rencontre avec la grande duchesse de Luxembourg. À cet instant Sophie Garel s'était endormie, la tête rejetée en arrière et la bouche ouverte, Yves Lecoq passait discrètement un coup de fil sur son portable et Pierre Bellemare, qui avait mis le pilote automatique, hochait la tête mécaniquement. Il pensait au téléachat et se disait intérieurement : « Merde, j'ai encore 500 radiateurs à chaleur radiale à refourguer... » Peggy Boucher, elle, pensait : « La traversée de l'Atlantique à la rame c'est dur, mais les anecdotes de Stéphane Bern sur la grande duchesse de Luxembourg c'est insupportable ! »

Alors, pour faire cesser ce supplice collectif, Pierre Bellemare a parlé du bouquin de Stéphane Bern. Et du coup, rassuré, celui-ci nous a refait sa tête de Charles Trenet jusqu'à la fin de l'émission !

BOYER LAURENT

FÉVRIER 2001

J'ai regardé sur M6 le « Fréquenstar » de Laurent Boyer, consacré à Olivier de Kersauzon. L'amiral avait décidé de bizuter le neu-neu en exigeant qu'une partie de l'interview soit faite en mer, par temps agité. Laurent Boyer était gris, on sentait ses haut-le-cœur... D'aucuns mal intentionnés, des médisants, des malhonnêtes, ne résistant pas à un jeu de mots aussi facile que phonétique, diraient que Boyer a pourtant l'habitude de la mère mauvaise puisqu'il est marié à Alice Dona, mais je ne suis pas de ceux-là. Donc, Boyer était malade. Et comme en temps normal il dit déjà n'importe quoi, vu les conditions on a atteint des sommets. Il commença très fort : « Alors Olivier, vous venez d'une famille aristocratique puisque vous étiez huit enfants... » L'autre répond en rigolant : « Ben non, huit enfants, c'est une famille nombreuse, pas une famille aristocratique. » Boyer, essayant de le prendre à la rigolade : « Ah, ah ! Sacré Olivier ! » Mais l'autre ne rigolait pas et enchaîne : « Avec tes questions à la con, tu vas t'en prendre une ça va pas tarder ! »

Eh bien ça n'a pas arrêté notre Lolo, qui comme vous le savez aime par-dessus tout employer des mots qui font bien sans forcément en connaître le sens. Il entend un mot, il se dit « Oh ! Comme c'est joli ! », il se précipite dans le bureau de sa femme — Alice Dona, en train de faire les comptes de son école de chanteurs, de laquelle aucun chanteur n'est jamais sorti —, et lui dit : « Tiens, j'ai un nouveau mot ! »

Kersauzon parlait des couleurs de la Bretagne. Boyer prend son air le plus inspiré, regarde l'horizon et dit : « Ah ouais, la chromatie... » Kersauzon ayant compris « la Croatie », il se demandait ce que les Balkans venaient faire dans l'interview. Du coup il ne répond pas, et les voilà qui comblent le silence avec des images de mer… On aurait cru un interlude des années 1960 ! Retour avec Boyer qui dit : « Nous sommes toujours avec Olivier de Kersauzon, à Brest. » Taciturne, Kersauzon ne répond rien. Boyer insiste : « À Brest, en Bretagne… » Et là Kersauzon l'achève : « Ben oui, pas Brest en Belgique, connard ! »

BRILLANT DANY

NOVEMBRE 2000

Dimanche, j'ai regardé Dany Brillant chez Drucker. Dans le questionnaire de Proust il y a cette question : « Quel est pour vous le comble de la misère humaine ? » Eh bien, je crois que le comble de la misère humaine, c'est de regarder Dany Brillant chez Drucker un dimanche de novembre…

Par un hasard dont la vie a le secret, j'ai reçu au bureau le dernier opus du bellâtre. Je l'ai écouté et, ô surprise, il s'agit d'un disque hautement subversif ! Un album qui prendra place au Panthéon des chants de révolte et d'insoumission ! Pour ceux qui l'ignorent encore, Dany Brillant est ce garçon bronzé… Mais ne nous arrêtons pas au superficiel : Dany Brillant est surtout un être doté d'un profond bronzage… Sur le plan artistique, nul n'a oublié l'œuvre qui le fit connaître, intitulée : *J'ai perdu la tête depuis que j'ai vu Suzette*. On y retrouve ce tourment de l'homme qui pensait avoir oublié celle qui l'a fait souffrir, un peu comme Brel dans *Mathilde* — vous vous souvenez, « Je crache au ciel encore une fois... » Eh bien Dany Brillant lui, il dit « Je perds la raison chaque fois que je vois Suzon » Chacun son style !

Ce chanteur que certains qualifient hâtivement de bellâtre sous prétexte qu'il est doté d'un QI de 27 — c'est-à-dire entre le poulpe et le canard de Barbarie — est un artiste engagé, ainsi qu'en atteste sa dernière chanson, *Comment c'est ton nom.* Ne vous laissez pas abuser par la syntaxe aléatoire du titre. Au départ, il avait écrit : « Comment que c'est ton nom », mais il a simplifié en « Comment c'est ton nom » ! Il n'a pas mis de point d'interrogation, alors au début j'ai cru que la fille se prénommait « Comment » ! Mais non, il s'agit bien d'une question existentielle. Voici le texte de la chanson, vous pourrez constater qu'on n'a rien écrit de plus violemment insoumis depuis *Le chant des partisans.* Premier couplet : Je te cherche partout/En Inde ou au Pérou/En Inde ou au Pérou. Ce premier couplet vous rappelle sans doute cette comptine que l'on chantait à la maternelle : Pouf pouf petite bohémienne/Toi qui voyages partout/De Paris jusqu'à Vienne/De l'Inde jusqu'au Pérou/Rou rou... Mais attendez la suite : Si tu voulais la faire/Si tu voulais la faire/On s'rait tirés d'affaire/On s'rait tirés d'affaire/Comment c'est ton nom/Comment c'est ton nom/Comment c'est ton nom... Là j'arrête, mais lui sur le disque il le répète dix-huit fois... Comment c'est ton nom... la révolution ! Voilà, le grand mot est lâché. Je vous avais prévenus ! Je vois que ça vous donne la chair de poule... Tiens, je vais vous le répéter : Comment c'est ton nom... la révolution !

Évidemment, vous imaginez bien qu'on ne fait pas un disque de cette qualité sans être aidé. Et il a été beaucoup aidé Dany Brillant, car le livret qui accompagne le disque comporte une page entière de remerciements. Au début il remercie en général : « Merci à ceux qui me donnent l'éveil... » Ça démarre bien. Les 147 premiers remerciements, rien à dire. Il salue ses parents, ses proches, les musiciens, les techniciens, les producteurs, les éditeurs, les assistants, les ingénieurs du son, les programmeurs, son *personal manager*, le chat de la voisine... Mais c'est à partir du 148e qu'il commence un peu à partir en vrille. Soudain notre ami Dany — oui, je crois qu'à ce stade on peut dire notre ami Dany — se met à remercier Lino Ventura, Jean-Paul Belmondo, Vittorio Gassman, Alain Delon, puis carrément Al Pacino, Marlon Brando, Stéphane Bern — non là je plaisante —, Alain Corneau, Nadine Trintignant, Patrick Bruel, Lalo Schiffrin, et pendant qu'il y est Ravi Shankar, James Brown, Jean-Sébastien Bach — ben voyons ! —, Miles Davis, Carlos Jobim et Frank Sinatra. Jugeant que c'était encore un peu juste, il remercie même les villes de Rome, Londres, New York et Paris !... Ouf !...

C'est à ce moment-là que Dany Brillant s'est aperçu qu'il avait oublié de remercier les philosophes !... Mais où avait-il la tête ? Du coup on peut lire sur la pochette : « Merci à Jean-Paul Sartre, Rainer Maria Rilke et Heidegger ». Il ne manquait que Dieu, mais Dany Brillant n'a pas osé. Larusso elle, a osé. Dans son disque elle remercie Dieu. Remarquez, dans les disques de Patrick Bruel, c'est Dieu qui remercie l'artiste !...

CANDIDATS (DES JEUX TÉLÉVISÉS)

AVRIL 1998

J'ai pris l'habitude de brocarder bêtement les animateurs de télévision, et pour une fois je voudrais évoquer les candidats. Plus particulièrement ceux de l'émission de Jacques Martin « Sous vos applaudissements » qui sont, il faut bien le dire, exceptionnellement gratinés. Je vous rappelle que ce sont des jeunes gens qui ambitionnent de devenir animateurs de télé et qui doivent passer des épreuves notées par un jury composé de personnalités. Dimanche, le jury de personnalités était constitué de Jean Lefebvre, très beau, avec son Réjé-Color du jour, Daniela Lumbroso et un journaliste haut de gamme rédacteur au magazine *Télé-Pratique*. C'est vous dire les pointures…

Dans cette émission, nos candidats doivent passer une épreuve de culture générale. Vous me direz, pour devenir animateur de télé le cerveau est facultatif, c'est vrai. Mais là c'est terrifiant, ils sont dotés de QI d'acariens ! Du coup, l'épreuve de culture générale se transforme en un test purement médical sur leurs facultés auditives, puisqu'ils essaient désespérément d'entendre ce que leur souffle le public…

La première candidate se prénommait Deborah — Jocelyne Martimbot pour l'état civil. Jean-Claude Brialy citait des noms de villes et elle devait trouver dans quel département elles se situaient. Au début — c'est tout à son honneur —, elle a essayé de répondre toute seule, spontanément, sans attendre que le public lui souffle. Brialy lui demande : « Dans quel département se situe Vichy ? » Le plus normalement du monde elle répond : « Euh… dans le Célestin ? » Devant l'éclat de rire général, elle se dit : « La prochaine fois j'attendrai que le public me souffle. » Le problème, c'est qu'elle ne connaissait même pas les noms que la salle lui soufflait ! Brialy lui demande : « Dans quel département se situe la ville de Tulle ? » Moi, depuis mon canapé, j'entendais la foule hurler « Corrèze ». Mais comme Corrèze ne figure pas dans les cinquante mots de son vocabulaire, elle joue sur la phonétique et répond : « Brest ? » Et Brialy, imperturbable : « Non, ma petite fille, Tulle n'est pas dans le département du Brest ! »

Le candidat suivant était pas mal non plus. Il devait trouver le nom d'inventeurs célèbres dont Brialy citait la découverte. À la question : « Quel est l'inventeur de la Cocotte-Minute ? » il a répondu « Monsieur Seb ». Et puis, pareil, il s'est dit : « Je vais écouter le public. » Mais il devait souffrir d'une otite sérieuse car quand on lui a demandé qui avait inventé la loi de la gravitation universelle il a répondu : « Whitney Newton » !

CÉLÉBRITÉS

MAI 2001

Hier, j'ai regardé l'émission « Célébrités », présentée par Valérie Bénaïm et Stéphane Bern. Je voudrais en premier lieu souligner la goujaterie de ce dernier lorsqu'il annonce les invités faisant leur entrée dans le studio. Croyez-vous que « Monsieur bonnes manières » se lèverait lorsque ces dames entrent et viennent s'asseoir ? Pas du tout ! Il farfouille dans ses fiches en montrant vaguement du menton sa place à Sylvie Joly — du genre « Vas-y, pose ton cul là-bas, la grosse ! » Ah, il est beau, le garant des traditions aristocratiques !...

Remarquez, dans les pince-fesses des fins de race, il sait se tenir. Vous savez que Stéphane Bern et sa fiancée, la princesse de Chimay, aiment à aller partouzer le samedi soir. Otto a installé une salle dans les oubliettes, avec des accessoires en cuir... Il paraît que Henri de Montpezat n'est pas le dernier !... La soirée se termine généralement par une séquence littéraire... Otto de Habsbourg appelle ça la « séquence littéraire » parce qu'il y a des mises en pages. Je vous explique : on lâche de jeunes pages dans le château, comme dans un lâcher de faisans ! Mais là, ce sont de jeunes pages à la bosse du meilleur aloi sous le collant, que l'on lâche dans le château et que les invités poursuivent toute la nuit pour les lutiner...

CÉSARS (CÉRÉMONIE DES)

FÉVRIER 2000

Samedi, j'ai regardé « les Césars » sur Canal, présentés par Alain Delon. Jack Lang avait dû faire une étude de logistique en se renseignant sur la position des caméras, car on ne voyait que lui !... Curieusement, il s'était fait faire le même Réjé-Color que Catherine Trautmann. Comment ça s'appelle déjà, cette couleur de cheveux brun-roux qu'affectionne tant Jack Lang ?... Ah oui, ça me revient : « aux burnes » !...

À part ça, on a eu droit comme chaque année au chiant de service. Le type que personne ne connaît et qui vient remercier pendant des plombes en s'écoutant parler. C'était le vainqueur de la catégorie « Première œuvre de fiction », il s'appelle Emmanuel Finkiel. Il est monté sur la scène avec deux dames inconnues, plus Hans Meyer, Jean-Claude Larrieu, Pierre Gamet, François Baldich, Jean-Claude Lorreu, Emmanuel Castro et surtout il a remercié... William Flageolet. Et c'est vrai qu'il était temps au bout de vingt-cinq ans de « Césars » que quelqu'un remercie William Flageolet ! Quand il eut fini, on a poussé un soupir de soulagement. Manque de pot, il a passé la parole à ses productrices qui n'avaient absolument rien à dire mais qui tenaient à le dire : « On ne sait pas quoi dire, on est vachement contentes... » et puis tiens, elles ont trouvé quelqu'un à remercier que l'autre avait oublié !

Dans les plans sur le public, on a vu Jane Birkin, qui, comme d'habitude, regarde la scène émerveillée comme si Dieu lui apparaissait. Il faut quand même avoir le courage de dire que Jane Birkin commence à nous saouler depuis trente ans qu'elle semble en extase permanente, qu'elle regarde tout et n'importe quoi avec cette même intensité feinte, la tête en avant, légèrement penchée, les yeux écarquillés et la bouche entrouverte, comme si elle recevait la Révélation. Par exemple, l'autre jour chez le boucher, elle commande une escalope. L'autre, Monsieur Maurice il s'appelle, avec son béret et ses vaisseaux éclatés sur le pif se met à découper la viande et la ravie le regarde comme s'il était l'archange Gabriel. C'est tout juste si elle ne tombe pas à genoux devant Monsieur Maurice. Du coup, ce dernier croyant qu'elle faisait un malaise lui a demandé : « Y'a quèque chose qui va pas Mame Brikine ? » « Non non, vous inquiétez pas Monsieur Maurice, c'est juste pour bien montrer que je suis une humaniste et que je ressens la souffrance de l'autre. » Quelque peu décontenancé, Monsieur Maurice a fini par dire : « Euh, sinon, ça c'est pas mal rafraîchi… » Mais revenons à la cérémonie. Donc Charlotte a reçu son César. Elle a dit : « Je voudrais embrasser mes partenaires, je voudrais embrasser aussi toutes les personnes qui ont travaillé sur le film, je voudrais aussi remercier Danielle Thompson, Dominique Besnehard, Bertrand De Labbé et une dernière personne, qui est dans la salle, qui n'a rien à voir avec le film, mais qui a à voir avec tout ce que je suis… » Là, il y a eu un plan sur Jane Birkin qui, les larmes aux yeux, pensait que Charlotte s'adressait à elle. Manque de pot, sa fille parlait de son amoureux Yvan Attal. Pour le coup, Jane en oublia sa position extatique et fit la gueule le reste de la soirée.

DES CHIFFRES ET DES LETTRES

AVRIL 1998

Hier, dans l'émission « Des chiffres et des lettres », un candidat a tenté de faire de l'humour !

Jusqu'à présent, dans cette émission, les vannes les plus audacieuses consistaient pour Laurent Romejko à annoncer à un candidat : « Monsieur Machin, votre compte est bon, comme on dit dans la police ! » C'est vous dire la déconnade !... Il pourrait faire mieux, Romejko, le problème c'est qu'il n'ose pas trop faire rire le public. Compte tenu de la moyenne d'âge, quand ils rigolent, par un phénomène de relâchement musculaire ils font pipi, c'est une horreur !... Après, au service entretien de France 2 ils font la gueule, ils ne peuvent plus ravoir la moquette...

Donc hier, un nouveau candidat a tenté d'entrée l'humour, et plus précisément une contrepèterie (vous savez ce que c'est, Philippe Bouvard adore ça — on le voit l'œil gourmand qui lance : « La Chine se dresse contre les Nippons », puis qui rigole en gloussant et en secouant nerveusement les épaules...). Romejko annonce : « Et voici notre nouveau candidat, M. Machin, qui habite à... ? » L'autre rigolard répond avec un clin d'œil : « Excusez la contrepèterie... j'habite Laval ! » Bon, honnêtement, il n'a pas fait un triomphe. Laurent Romejko a dit : « Laval ? Ah, c'est bien !... » Yvette Plailly a ajouté : « Dans la Mayenne... » Quant au public, vous pensez bien que les retraités de la salle polyvalente Paul Vaillant-Couturier n'ont pas compris. D'abord parce que la plupart sont sourds, mais aussi parce que de toute façon ils passent leur temps à regarder les moniteurs de contrôle pour voir si on les aperçoit à l'image, afin de clouer le bec le lendemain à Mme Boursault, la boulangère de l'avenue Henri-Barbusse... Depuis le temps qu'elle énerve tout le monde en faisant son intéressante sous prétexte qu'un jour elle a vu Marcel Amont à Auchan et que ce dernier lui a lancé : « Alors ma p'tite dame, ça boume comme on dit dans l'artillerie ? » Les clientes qui attendent leur tour sont impressionnées et concluent généralement en disant : « Il était drôle Marcel Amont, on le voit moins en ce moment à la télé. » Et c'est là que la dame du public lance dans la boulangerie : « À propos, vous savez que je passe à la télévision ? » Là, silence dans la boutique. L'autre poursuit « Oui, je suis passée aux chiffres et aux comptes. Mais c'est enregistré à l'avance vous me verrez mercredi prochain. » Du coup, plus personne ne s'intéresse à l'histoire de la patronne avec Marcel Amont, elle a beau sortir de son tiroir-caisse une photo réalisée par le studio Harcourt en Mars 1952 sur laquelle le fantaisiste a écrit « À cette sacrée Yvette », les clients ne s'intéressent plus qu'à la dame qui est passée à la télé. Les questions fusent. Certaines, anachroniques, dénotent que l'intéressé n'a pas regardé l'émission depuis longtemps puisqu'un monsieur demande : « Et il est comment Max Favalleli ? » Mais dans l'ensemble, les clients sont fascinés par la virtuosité mathématique de Bertrand Renard et par sa complicité avec le public, avec cette façon qu'il a de faire des clins d'œil à la caméra. « Ah mais pas du tout, c'est des tics », précise celle qui participa à l'émission. Depuis ce jour, la boulangère lui donne des baguettes noircies alors que l'autre précise toujours « pas trop cuites. » On a les vengeances qu'on peut.

OCTOBRE 1999

J'ai regardé « Des chiffres et des lettres ». L'émission a un nouveau sponsor. Il s'agit — ça ne s'invente pas —

des infusions Ricola ! Du coup, ils ont changé le générique. Enfin, pas vraiment changé, c'est le même mais en beaucoup plus lent !... Vous imaginez les effets sur les douze spectateurs présents, et sur les présentateurs de l'émission...

Voici en temps réel le début de l'émission d'hier. Laurent Romejko, qu'on appelle en privé « le sauvageon », lance au public : « Merci de votre accueil ! » Il attend un peu, mais comme les petits vieux avaient commencé à dormir, personne n'applaudit. Du coup il enchaîne : « Et voici M. Machin de Pontcharra dans le Rhône ! » Alors Bertrand Renard (vous savez, le monsieur agité de tics qui ressemble aux Dupond-Dupont) lui dit : « Pontcharra, Pontcharra... C'est pas dans l'Isère ça, Pontcharra ? » Le candidat, qui connaît quand même bien vu qu'il y habite, lui répond : « Euh... Non, y a un Pontcharra dans l'Isère mais le mien c'est dans le Rhône... » Bertrand Renard, trouvant sans doute que la conversation était passionnante et surtout qu'elle avait du rythme, poursuit : « Oui, parce que le mien de Pontcharra dans l'Isère, il est au nord de Lyon. » Le candidat : « Ah non, l'Isère c'est au sud de Lyon ! » À ce stade, dans le public, on avait déjà procédé à l'évacuation de deux spectateurs décédés. Trois autres, la tête renversée en arrière, dormaient la bouche ouverte tel le grand-père Simpson. Ce qui n'empêcha pas Bertrand de continuer : « Vous êtes sûr que Pontcharra est au sud de Lyon ? » Le candidat : « Le Pontcharra dans l'Isère oui, mais pas le Pontcharra dans le Rhône ! » Là, Bertrand Renard commençait à céder un peu de terrain — d'autant qu'on venait de mettre deux nouveaux spectateurs sous des tentes à oxygène… Il finit par dire : « Bon allez… Disons que c'est au nord-est et n'en parlons plus ! »… Mais le candidat, exaspéré : « Non non ! Pas du tout ! Pontcharra est au sud-est de Lyon ! »…

C'est alors que survint le drame. Cette brusque élévation du ton de la voix provoqua un relâchement des sphincters chez une spectatrice ayant omis de porter sa couche Confiance, alors qu'il est bien stipulé dans le courrier adressé par France 2 aux spectateurs de l'émission qu'ils doivent impérativement porter leurs couches, et que des contrôles inopinés pourront être effectués par Yvette Plailly !… Il devait régner dans le studio une odeur épouvantable, car Laurent Romejko a dit : « Bon, le débat sur Pontcharra est particulièrement intéressant, mais il faut quand même passer au jeu, Monsieur Machin, à vous de commencer. »

AVRIL 2000

Hier après-midi dans « Des chiffres et des lettres », alors que les candidats cherchaient et qu'on entendait une musique façon Clayderman, la caméra effectua un interminable panoramique sur les douze personnes du public. C'est là que j'ai vu un monsieur endormi, la tête penchée sur le côté, avec à la commissure des lèvres une esquisse de salive. Pendant quelques secondes je me suis demandé s'il n'était pas décédé. Dieu merci, la petite musique indiquant la fin du temps de réflexion le réveilla en sursaut. Un des candidats annonça sept lettres, avec le mot

« COCOTER ». Il y eut un long silence. Puis Romejko demanda : « Cocoter… la poule ? » Le candidat répondit de façon non moins elliptique : « Non, cocoter… ça sent… » L'espace d'un instant, « Des chiffres et des lettres », c'était beau comme du Marguerite Duras…

NOVEMBRE 2000

Depuis quelque temps, une paix armée semblait s'être installée entre les deux arbitres de l'émission « Des chiffres et des lettres ». Mais il y a une semaine, un candidat annonce un mot de six lettres, et le dialogue qui suit est totalement authentique :

Arielle Boulin-Prat :

– Il y avait mieux, il y avait neuf lettres avec la « mosellane ».

Bertrand Renard, énervé :

– Quoi, la mosellane ?

Arielle, surprise :

– Quoi ?

Bertrand :

– Je dis, pourquoi de la mosellane ?

Arielle :

– Non, pas de la mozzarelle !

Bertrand :

– Non, pourquoi de la mosellane ?

Arielle :

– Non, pas de la… la « mosellane » !

Bertrand :

– Mais « mosellane » c'est un adjectif…

Romejko se met à délirer :

– La madame te demande si tu connais la mosellane !

Arielle :

– Bon, de toute façon ce mot n'existe plus…

Bertrand :

– Oui, mais pourquoi la Mosellane ?

Arielle :

– Qui se rapporte à la Moselle.

Bertrand :

– Oui, donc c'est un adjectif.

Arielle :

– Oui, oui, mosellane…

Bertrand :

– Non, parce que vous disiez « La » Mosellane !

Arielle, se tournant vers Romejko :

– Oui, il me reprend parce que j'avais mis un déterminant devant mosellane !

Bertrand :

– Je le crois pas ! Elle a mis un déterminant devant un adjectif !...

À cet instant, un long plan panoramique du public nous montra une vision dantesque qui n'était pas sans évoquer *Guernica*, le tableau de Picasso. Dans le studio, la tension était aussi pesante que dans un duel de western. Les goutte-à-goutte coagulaient, les pacemakers s'emballaient, on observait le ballet des assistants amenant des couches « Tena » de Libra pour faire face aux relâchements de sphincters provoqués par l'angoisse !... Ce n'était plus *Guernica*, c'était *Le Jugement dernier* par Delacroix ! Des médecins couraient comme au front, tentant de ranimer les spectateurs les plus robustes, tandis que des religieuses tenaient les mains des plus faibles en leur chantant : « Plus près de toi mon Dieu... » Les monitorings cardiaques s'arrêtaient les uns après les autres en ne produisant plus qu'un son plat et continu !... Certains spectateurs se déshabillèrent et, totalement nus, se mirent à danser la Macarena !... D'autres, devenus fous, faisaient des doigts d'honneur à la caméra en hurlant : « Fuck you la Mosellane ! » Laurent Romejko, voulant venir au secours d'Arielle : « Allons, allons Bertrand, Arielle a dit la Mosellane comme on dit la Bretonne !... » Et Bertrand, impitoyable : « Ah mais non, dans ce cas c'est un nom propre, il y a une majuscule et c'est refusé ! » Romejko : « Bon d'accord, voyons le score... »

Alors je demande dorénavant au CSA d'indiquer par la signalétique qui convient que l'émission « Des chiffres et des lettres » peut présenter des scènes d'une violence insoutenable !...

CHIRAC (ALLOCUTION DU PRÉSIDENT)

DÉCEMBRE 2000

J'ai regardé hier soir l'intervention du président de la République chez PPDA. Avant que ce dernier ne pose la première question, Chirac a déclaré qu'il avait un message préalable. Je me suis dit : « Tiens, il va y avoir un coup de théâtre ! » Pas du tout, il voulait juste fayoter avec les inondés de Quimper, un peu comme on faisait à l'école lorsqu'on était interrogés au tableau alors qu'on ne savait pas nos leçons — on annonçait en préalable au prof que notre grand-mère venait de décéder !

D'ailleurs pour un président de la République, c'est comme à l'école. Tout compte : la présentation, l'élocution. Par exemple, concernant le cadre de cette allocution, on devinait que les conseillers en image avaient dit à Chirac : « Tiens, on va allier tradition et progrès. » Du coup, dans un décor Louis XVI ils ont mis deux chaises IKEA et un tapis contemporain avec des grands traits de feutre ! Ça donnait une impression de choucroute-chantilly !

Dès le début de l'intervention, le lapsus freudien, terrible, le pire qui pouvait arriver. Chirac dit : « C'est moi qui ai lancé la croisade pour le blanchiment de l'argent sale ! » Plus tard, en prononçant : « Si quelqu'un a fauté », il s'étrangle avant de pouvoir finir sa phrase, ce qui a donné : « Si quelqu'un a fautcroou-hic… » Les férus de psychanalyse vous diront qu'il n'y a pas de hasard : hier soir, les programmes télé qui suivaient l'intervention de Chirac avaient pour titre : « Faux-semblants » sur TF1, « Comme au cinéma » sur la 2, « Sujet tabou » sur France 3, et sur M6 « Sois bête et tais-toi ! »

COMBIEN ÇA COÛTE ?

SEPTEMBRE 2001

J'ai regardé l'émission « Combien ça coûte ? » présentée par Jean-Pierre Pernaut. Je me suis aperçu que cette émission est sponsorisée, tenez-vous bien, par « Les Occasions du Lion Peugeot » ! Ça ne s'invente pas ! Surtout pour le jeu auquel les téléspectateurs sont invités à participer, qui a pour gros lot… une Peugeot d'occasion ! J'imagine que celui qui gagne à ce jeu se voit remettre une vieille 504 diesel avec la housse de volant en fourrure, le sapin désodorisant au rétroviseur et le dossier en billes de bois…

Les invités de « Combien ça coûte ? » sont au show bizness ce que les occasions Peugeot sont à l'automobile. Sans aucune classe et passe partout. Par exemple, l'invitée d'hier était Astrid Veillon, une comédienne qui ne joue que dans les séries stupides de TF1 et n'est à ce titre invitée que dans les émissions stupides de TF1… Pourtant Astrid Veillon passa une soirée difficile. Il faut dire que ça avait mal commencé avec une chroniqueuse venue expliquer que les problèmes de calcul dans les manuels scolaires étaient déjà exprimés en euros. Et elle nous donne un exemple, extrait d'un bouquin de cours élémentaire première année. Du genre : « Mélanie a trois fois plus d'euros que Coralie qui en a vingt. Combien d'euros a Mélanie ? » Astrid Veillon, qui croyait que c'était une interro, réfléchit — on le voit à l'apparition sur son front d'une ride horizontale, un phénomène qu'on connaît bien chez Julien Lepers —, puis elle finit par répondre une connerie. La chroniqueuse, gênée, regarde à nouveau son livre de calcul. Il y avait bien écrit : « Cours élémentaire, 1re année » !

Alors Jean-Pierre Pernaut se racle la gorge et envoie un sujet sur... la garde républicaine — oui, parce que « Combien ça coûte » permet de parler de n'importe quoi en ajoutant à la fin « combien ça coûte ? » Là par exemple, après ce reportage sur la garde républicaine, la question était : « Combien ça coûte... un pantalon de la garde républicaine ? » Vous m'accorderez que s'il y a un truc dont on se fout complètement, c'est du prix d'un pantalon de la garde républicaine !...

Je suis injuste, car ce reportage était instructif. On a appris que les écuries de la garde républicaine se trouvent en plein Paris, aux Célestins. Le journaliste concluant avec cette phrase magnifique : « Les écuries des Célestins, un lieu inestimable qui vaut 1 milliard de francs ! »

Puis retour plateau, avec deux chroniqueurs de l'émission qui portaient chacun un casque de garde républicain

« pour rire ». Qu'est-ce qu'on s'est marrés ! En fait on a surtout ri lorsque notre amie Astrid (qu'on n'avait plus entendue depuis sa réponse désastreuse au problème de maths) a voulu faire semblant de s'intéresser en demandant aux chroniqueurs : « Et s'ils perdent leur casque, combien ça coûte ? » Elle était contente, elle était pile dans le ton de l'émission ! Les chroniqueurs, gênés : « Non non, ils peuvent pas le perdre. » Astrid qui insiste : « Ben si, ils peuvent l'oublier quelque part ! » Les autres : « Non non, ils l'oublient jamais ! » Pas découragée, Astrid, qui ne comprend pas que les types sont en train de ramer parce qu'ils ne connaissent pas le prix, insiste encore : « Oui, mais si on leur vole ? » Et là, l'un des deux chroniqueurs, les dents serrées, lui marmonne : « Mais taisez-vous ! Je connais pas la réponse ! »...

Jean-Pierre Pernaut, voyant que ça tourne mal, lance le jeu pour gagner la 403 commerciale : « Combien est revendu le cheval d'un garde républicain à la retraite ? » Astrid, joyeuse et spontanée : « 1 franc ? » Là, on a vu les chroniqueurs autour de la table fermer les yeux et se tenir le nez entre le pouce et l'index — comme faisait Lino Ventura quand il était excédé... Puis Jean-Pierre Pernaut, prenant sur lui, dit calmement à Astrid : « C'est le public qui joue » — sous-entendu : « Pauvre andouille, tu vas pas nous casser notre jeu qui nous rapporte 3,68 francs la minute et nous permet de nous faire des couilles en or ! »...

Le sujet suivant concernait le coût des vacances du président et de Lionel Jospin. Avec les dernières révélations sur les histoires de billets d'avion de Jacques Chirac, ils étaient bien embêtés. Pernaut n'allait pas nous dire : « Eh bien voilà, les vacances du président et de son entourage ont coûté des fortunes aux contribuables par le biais des fonds secrets ! » Alors pour se sortir de ce sujet sensible, les journalistes de l'émission sont allés voir le boulanger de Chirac qui lui avait vendu une bombe glacée à 160 francs pendant ses dernières vacances à Brégançon, ainsi que l'épicier de Jospin. Lui, il nous a fait la visite guidée de sa boutique en nous montrant ce qu'avait acheté le Premier ministre. En arrivant devant le rayon du lait, l'épicier explique : « Vous voyez, là, M. Jospin a pris un pack de lait demi-écrémé. » Puis, se dirigeant vers le rayon petit déjeuner il dit : « Là, il a pris une boîte de cacao. » Au bas de l'image, sur l'écran, on voit s'inscrire : « Total = 16 francs ». Mais comme il se rendait compte que le chiffre était idiot, le journaliste précise : « À cette somme il faut rajouter la protection rapprochée, les gardes du corps. » Alors Astrid Veillon, un peu fatiguée, tente une dernière participation : « Ah bon ? Ils sont combien ses gardes du corps ? » Jean-Pierre Pernaut, sans la regarder : « On sait pas ! On sait pas ! » Astrid Veillon, excédée : « Ah ben, excusez-moi d'avoir posé une question ! » Du coup, vexée, elle n'a plus bronché de la soirée.

Le reportage suivant nous a montré un chasseur de trésors à Saint-Tropez. Ne vous affolez pas, quand je dis « chasseur de trésors », il ne s'agit pas d'un type qui organise des expéditions pour retrouver un galion espagnol par 100 mètres de fond. Non, ce monsieur — prénommé Fabrice — possède un détecteur de métaux à 500 balles et il cherche ce que les vacanciers ont perdu dans l'eau ! Et on a eu droit à une des plus belles séquences de bidonnages vues à la télé ces dernières années : devant une plage longue de plus de 500 mètres, notre ami Fabrice, dans l'eau, va rechercher l'alliance qu'un monsieur a perdue et le diamant que son épouse a perdu. La veille. Dans l'eau… Déjà c'est idiot : vous imaginez le couple ? Le type : « Ah ben, flûte ! J'ai perdu mon alliance. » Sa femme, au même moment : « Tu vas rire, moi aussi je viens de perdre ma bague avec le diamant ! » Et l'autre, avec sa crosse de curling qui soudain émet un « bip bip… », pousse un cri de joie, ressort de l'eau le diamant, regarde la caméra et annonce sans rire : « L'alliance ne doit pas être loin ! » Par un incroyable hasard, Fabrice sort de l'eau avec ses deux bagues juste au moment où leurs propriétaires arrivent à la plage et s'exclament : « Ah, c'est merveilleux ! »…

Enfin, on a eu droit à un reportage très intéressant sur un inspecteur de guide — un peu comme le Guide Michelin, sauf que là c'était un inspecteur pour le guide des boîtes à partouzes. Une voix off nous a affirmé sur un ton sentencieux : « Cet homme peut faire ou défaire les réputations des clubs échangistes. Il en contrôle plus de 1 000 par an : une bonne note dans son guide et le chiffre d'affaires peut doubler. Avec son infatigable cartable, il arrive à l'improviste et rien ne lui échappe ! » Effectivement, on voit le petit bonhomme avec son cartable arriver dans un club échangiste, « L'Alcovia ». Rien que le nom c'est d'une tristesse !… On imagine les notables de la ville : « Hier soir à "L'Alcovia", l'épouse du notaire a pratiqué une fellation remarquable au pharmacien ! »… Évidemment, ce reportage n'était qu'un prétexte grossier pour montrer des images de couples échangistes en action. Le type commence son inspection et explique à la caméra : « Mes deux critères sont accueil et propreté. » On le voit vérifier les banquettes en passant son doigt dessus, puis conclure ainsi : « Là, ce qui est bien, c'est qu'ils ont des banquettes en Skaï. C'est le plus pratique pour l'entretien : vous les passez au Karcher et hop, vous pouvez repartouzer aussitôt ! »…

CONCURRENCE

FÉVRIER 2001

Vous savez que la concurrence fait rage entre les chaînes, entraînant même des déprogrammations sauvages. Par exemple, dès que France 2 programme un film prestigieux, TF1 modifie sa grille en conséquence pour diffuser à son tour un grand film populaire. Eh bien hier soir, cette concurrence impitoyable a encore frappé. Mais à l'inverse. C'est-à-dire que France 2 avait prévu de diffuser le film *La fille de d'Artagnan*, une somptueuse merde interprétée par Sophie Marceau et Philippe Noiret (qui avait un reliquat d'impôts à payer à l'époque du tournage). Alors TF1 s'est dit : « Bon, en face d'une connerie pareille on ne va pas gâcher un bon film, on va programmer une grosse daube. » Et leur choix s'est porté sur un film interprété par Christophe Lambert. Il faut dire qu'à TF1, quand ils décident de diffuser une merde ils regardent la filmographie de Christophe Lambert : il n'y a que ça ! Hier leur choix s'est porté sur *Hercule et Sherlock*, un film avec Lambert et Richard Anconina, plus deux chiens. Et des quatre, même si c'est Christophe Lambert le plus cabot, ce sont quand même les deux chiens qui jouaient le mieux... Pour vous donner une idée du niveau du film, le générique est une copie de la chanson de Sheila *L'école est finie*, sauf que c'est un chien qui chante : « Donne-moi ta paaaaatte... et prends la mieeeeenne !... »

Alors moi j'ai regardé France 2. Parce que voir Philippe Noiret jouer d'Artagnan à soixante-dix ans, ça vaut le coup, particulièrement pour les scènes d'action. Il y a notamment dans ce film une scène de combat classique dans un escalier, mais qui commence au rez-de-chaussée. D'habitude on voit l'un des deux qui repousse l'autre en lui faisant monter l'escalier jusqu'au premier étage. Là, on voit Noiret croiser le fer au rez-de-chaussée, puis le plan suivant on le voit au premier étage — c'est-à-dire qu'entre-temps d'Artagnan a monté l'escalier avec le fauteuil électrique de Jean Lefebvre qui va porter les lunettes à sa femme !... Noiret fait donc une ou deux passes d'armes, ensuite on vient lui faire un peu d'oxygène, on passe la serpillière sous lui et il redonne trois coups d'épée. C'est assez hallucinant... On n'avait pas connu ça depuis la cascade de Navarro. Vous savez, celle où Roger Hanin ouvre une porte en criant : « Haut les mains ! »

DAVANT Sophie

MARS 1998

Sophie Davant est une littéraire, on le savait depuis longtemps. Mais elle l'a encore démontré ces jours-ci, puisque pour annoncer le rafraîchissement des températures, elle n'a pas hésité à employer une image d'une richesse poétique et d'une originalité extrême : « Voici l'hiver qui frappe à notre porte ! » Il faut dire que pour elle, Émile Verhaeren constitue le top de la poésie. D'aucuns diront qu'on sent dans la dialectique de Sophie l'influence de Saint-John Perse, d'autres prétendront qu'on sent plutôt l'influence de Julien Lepers. Ce ne sont là que querelles d'esthètes !...

Bien entendu, la seule question que tout le monde se pose est : « Est-ce que l'intelligence frappe à la porte de Sophie Davant ? » La réponse est non : c'est Pierre Sled !

MAI 2000

Hier, j'allume ma télé et je tombe sur l'émission matinale de Sophie Davant, « C'est au programme ». Le thème était, comme d'habitude, la ménopause. Les images montraient une dame âgée qui avançait à l'aide d'un déambulateur dans un hôpital suite à une fracture du col du fémur. Puis Sophie Davant a montré une culotte pour dame ménopausée — c'est-à-dire rembourrée sur les côtés pour amortir les chutes. Et c'est alors qu'elle a fait l'enchaînement le plus hallucinant que j'aie jamais vu à la télévision française : « Bon, nous allons décliner ces problèmes de masse osseuse en parlant des animaux : les cornes de rhinocéros sont-elles en os ou en ongle ? »...

Un spécialiste est arrivé et a expliqué que la corne de rhinocéros, c'était de l'ongle alors que la corne de vache c'était de l'os. Là, il y a eu un débat dans le débat. Sophie Davant s'est notamment écriée : « Mais les vaches n'ont pas de cornes ! » Le spécialiste l'a regardée avec stupeur, puis lui a expliqué calmement que les vaches avaient des cornes, et que c'était des couilles qu'elles n'avaient pas. Et que les cornes des vaches étaient en os, alors que celles des rhinocéros étaient en ongle. Sophie, voulant rattraper sa bourde : « Mais alors, si on coupe une corne de rhinocéros, ça repousse pas ? » Le spécialiste, excédé : « Mais si, puisque c'est de l'ongle ! » Puis, la pensant calmée, il enchaîne en évoquant les bois des cerfs. C'est alors que Sophie l'a crucifié en disant : « Les bois des cerfs, ça s'appelle des "bois" parce que c'est du bois qui brûle ? »

AVRIL 2001

Samedi dernier, Patrick Sébastien a montré une scène que vous avez sans doute vue dans le zapping de Canal + : un match de base-ball au cours duquel une colombe que les Américains lâchent avant le début des matchs — dans une sorte de naïf et dérisoire symbole de paix et de fraternité — se fait littéralement exploser par la balle lancée par le tireur. Une scène impressionnante où l'on voit l'oiseau éparpillé, dispersé, ventilé « façon puzzle » comme dirait Audiard, et que Sébastien nous diffuse cinq fois : à vitesse normale, au ralenti, à l'extrême ralenti… Au point que ça en devient énervant. On se dit qu'il nous prend pour des lents à comprendre… Et puis, après la cinquième diffusion du ralenti, Sophie Davant, invitée de Sébastien, demande d'un air ingénu : « Mais il est mort le pigeon ? » Eh oui Sophie, le pigeon est complètement mort ! Comme ton cerveau : y a aucun espoir de le réanimer !

MAI 2001

Certains jours la télévision se parodie et finit par devenir une grotesque caricature d'elle-même. Jusqu'à forcer le trait au-delà de ce que moi-même j'oserais faire, de peur qu'on pense que j'exagère.

Prenons par exemple notre amie Sophie Davant dont j'ai pris l'habitude de railler ici l'émission matinale sur France 2, « Radio mémère » — radio, parce que l'essentiel des images sont des plans fixes des invités au lieu de reportages illustrant leurs activités. L'autre jour, Sophie Davant recevait un proctologue. Eh bien on a eu un plan fixe de vingt minutes sur sa tête, et pas une image de son boulot ! Remarquez, comme le type était insupportable et que c'était un vrai trou du cul... son visage illustrait bien son boulot ! Mais ce n'est pas toujours le cas...

Bref, cette émission constitue le degré zéro de la télévision. Mais voilà, figurez-vous que depuis quelques jours il se passe enfin quelque chose dans le programme de Sophie Davant. Et ce quelque chose est devenu l'événement majeur de l'émission, au point que Sophie ne cesse d'en parler. Attention, accrochez-vous : IL Y A UNE MOUCHE SUR LE PLATEAU !

Il faut que je vous explique. Cette mouche est arrivée sur le plateau de Sophie il y a une semaine, lors d'une recette de David Martin. Bon, jusque-là rien d'anormal, puisque chaque jour au moment où le fils Martin prépare sa recette on peut voir de nombreuses mouches voleter au-dessus des préparations et même s'y poser — c'est pour ça qu'ils ne font plus goûter les recettes aux invités (la dernière fois Liane Foly a goûté, elle en a fait une légionellose...). Désormais, Sophie Davant reste donc à distance respectable de David Martin, pendant que ce dernier explique : « Vous voyez Sophie, je prends le plat dans lequel j'ai mis la viande à mariner... » À cette instant un essaim s'envole, comme une évocation poétique des toilettes d'un camping camarguais le 15 août.

D'habitude les mouches ne s'aventurent pas au-delà de la zone de cuisine, mais depuis une semaine une intrépide, une audacieuse, une téméraire vient voleter à la table des participants. Du coup Sophie Davant interrompt toutes les cinq minutes les invités et les chroniqueurs pour nous informer avec une joie enfantine des déplacements de l'insecte. Du genre : « Excusez-moi Laurent Romejko, mais la mouche est sur le micro orange »... Et l'autre : « Oh super !... » — ben oui, c'est la chef...

Les aventures de la mouche ont connu leur paroxysme il y a deux jours, avec la venue de Nadine de Rothschild dans l'émission. On a vu soudain Sophie, qui somnolait aux conneries de la baronne, s'illuminer et hurler : « Nadine je vous coupe, mais vous avez dans les cheveux la mouche que nous cherchons sur ce plateau depuis trois jours ! » Nadine, d'un air pincé : « Oh ! Quelle chance ! » Davant, excitée : « Regardez, elle est là ! » Et s'adressant au cadreur, elle pointe son index sur les cheveux de Didine. À cet instant, le caméraman fit un zoom avant et on distingua nettement une grosse mouche bleue en pleine promenade capillaire. Ce gros plan d'une mouche à merde dans les cheveux d'une baronne de Prisunic resteront à jamais comme l'un des chefs-d'œuvre majeur de la télévision française !... Puis après un grand silence, Sophie Davant eut cette conclusion magnifique : « Eh bien, Nadine de Rothschild, vous voyez, vous attirez les mouches ! »...

OCTOBRE 2001

Depuis quelques semaines, je n'avais pas regardé notre amie Sophie Davant et je dois reconnaître que son émission matinale « C'est au programme » a sensiblement évolué. Avant, ça parlait de constipation et d'hémorroïdes. Maintenant, on a droit à une cohorte de voyants, sorciers et magnétiseurs de tout poil. Et on sent qu'elle y croit Sophie Davant, elle regarde les charlatans éberluée en disant : « Ah bon ? C'est pas croyable... »

Hier, elle traitait de l'EMA, l'expérience de mort approchée, le fameux « tunnel avec de la lumière au bout » dont parlent les gens dans les bouquins qui sortent chez Michel Lafon... Sophie avait invité une dame qu'on a vue partout depuis des années : chez Morandini, chez Dechavanne, bref une mamie illuminée qui raconte que pendant une opération elle est montée au plafond du bloc opératoire... Si, et elle a nettement entendu le chirurgien dire : « Elle nous pète entre les doigts ! » Ça devait être une opération des hémorroïdes !... Puis, toujours collée au plafond, elle est allée dans la salle d'attente voir ce que faisait son mari. « Que faisait-il ? » demande Sophie. Il attendait. Ben oui, il était dans la salle d'attente !... La mamie a affirmé sans rire que, bien que collée au plafond, elle pouvait néanmoins entrer dans l'âme des gens (ça doit s'appeler le soul-fucking), et elle ne s'est pas gênée pour entrer dans son mari, pour voir, dit-elle, à quoi il pensait. L'autre était juste en train de penser qu'en sortant de l'hosto il allait passer chez Dédé, au 421, faire un petit tiercé et qu'il y déjeunerait parce qu'il avait vu, en venant à la clinique, que le plat du jour était « côte de porc coquillettes », et qu'il adore les coquillettes. Forcément, mamie fut contrariée par ces pensées qui l'excluaient. Aussitôt, elle remonta au plafond (où l'attendait sans doute son araignée). Et elle s'est baladée dans tout l'hosto comme ça, en avançant collée au plafond ! Elle devait avoir le dos à vif !... Une fois qu'elle a eu tout visité, elle commençait à se lasser, et c'est là qu'elle a vu le tunnel avec la lumière au bout — à mon avis elle était au service digestif avec le proctologue qui faisait un examen !... Donc elle voit le tunnel, elle y entre, et au bout devinez qui elle voit ? Tous les morts depuis la nuit des temps !... Là, Sophie Davant lui pose cette question incroyable : « Ah bon ? Vous avez vu François Ier ? » La plafonnée, vexée, répond : « Non, j'ai pas vu François Ier . Mais j'ai vu tous les morts de ma famille qui avaient continué à vieillir dans l'au-delà. » Par exemple, un membre de sa famille qui était mort enfant, là elle le revoyait mais adolescent. Du coup, je vous laisse imaginer dans quel état sont les Athéniens morts cinq siècles avant Jésus-Christ !...

Et l'autre andouille de Davant qui s'enthousiasme, ne pensant à aucun moment qu'un patient sur une table d'opération a le cerveau imbibé d'un tas de substances chimiques liées à l'anesthésie : « Donc il y a bien quelque chose après la vie ! On est rassurés !... Et à part ça, qu'est-ce qu'ils vous ont dit ? » L'autre : « Oh, pas grand-chose, ils m'ont juste raconté ce qu'allait devenir l'humanité. » Sophie Davant, sérieuse : « Ah ? Ben racontez-nous, ça nous intéresse parce que en ce moment on est inquiets... » L'autre : « Ah mais je n'ai pas le droit de le dire !... » Et Sophie qui pose alors la question qui tue : « Mais est-ce qu'il fait froid là-bas ? »... C'était pour savoir si en cas d'expérience de mort approchée elle devrait prendre une petite laine !... Comme disait Woody Allen : « Je ne crois pas à une vie après la mort, mais j'emporterai quand même un slip de rechange !... »

OCTOBRE 2001 (BIS)

En ces temps belliqueux, Sophie Davant est notre rayon de soleil, en quelque sorte notre Madelon télévisée. Peu importe les conflits, elle continue inlassablement chaque matin à traiter des grands problèmes de société : hémorroïdes et constipation, plus un peu d'astrologie et la recette de David Martin.

Hier, le thème de son émission était « Les petits symptômes de rien du tout qui peuvent cacher quelque chose de plus sérieux ». Autrement dit le genre de sujet qui fait flipper tout le monde. Évidemment, un médecin était présent sur le plateau. Mais Sophie annonce d'entrée : « Il n'est pas question de faire des consultations par téléphone. » Puis elle enchaîne aussitôt : « Nous avons Simone au téléphone, alors Simone que se passe-t-il, de quoi souffrez-vous ? » Simone : « Eh bien voilà, de temps en temps j'ai des points blancs devant les yeux. » À cet instant on voit le toubib blêmir et se racler la gorge. Il finit par dire : « Ahum... des points blancs... Vous êtes sûre, Simone, que ce ne sont pas des points noirs ? Parce que les points noirs, c'est pas grave du tout ! » Simone : « Non non, moi ce sont des points blancs ! » Le toubib : « Parce que les points noirs c'est rien du tout, juste un peu de fatigue... » Simone : « Oui, mais moi c'est des points blancs, docteur. » Le toubib : « Ahumm... Alors les points blancs... hum... Bon si ce n'est qu'à un œil ça n'est pas trop grave... Mais si c'est aux deux yeux, c'est le cerveau ! » Simone : « Ah ben, moi c'est les deux yeux... » Vous avez compris qu'on annonçait en direct à Simone, sans examen, juste comme ça sur des généralités, qu'elle avait une tumeur au cerveau. D'ailleurs juste avant qu'elle raccroche, il me sembla entendre le bruit d'une détonation...

Un autre qui n'a pas regretté sa matinée d'hier, c'est le monsieur qui appelait pour un trouble de mémoire. Le toubib venait d'expliquer que parfois des troubles de mémoire pouvaient cacher quelque chose de plus grave. Là, le type raconte qu'il était au bureau avec un collègue qu'il côtoie depuis dix ans et que soudain, il n'a plus reconnu du tout ce type qui travaillait avec lui. Sur le visage défait du médecin, c'est comme si on voyait clignoter « ALZHEIMER ». Le téléspectateur inquiet : « Mais vous pensez que ça peut être grave ? » Le médecin : « Oh, sûrement pas grand-chose, mais consultez immédiatement monsieur. Mon assistante va vous donner hors antenne les coordonnées d'un spécialiste de la maladie d'Alzheimer !… »

Puis, Sophie nous annonça, pimpante : « Et maintenant, retrouvons David Martin qui nous a confectionné une recette d'œufs. » L'autre : « Non, non, pas du tout, je vais vous parler de cèpes. » Pour sauver le coup, Sophie s'écrie : « Tiens, à propos, est-ce que c'est vrai que les gros cèpes naissent gros ? » David Martin : « Euh… disons qu'ils grossissent vite. » Sophie : « Non, non, il paraît qu'ils naissent gros. Y a rien et puis tout à coup, paf ! Ça explose, et paf ! Y a un cèpe. » À cet instant on pouvait lire dans les yeux de David Martin comme de la terreur. Au même moment, on entendait l'oreillette de Sophie qui grésillait tellement le rédacteur en chef l'engueulait…

DELON Alain

FÉVRIER 1997

J'ai regardé « 7 sur 7 », l'émission d'Anne Sinclair dont l'invité était Alain Delon. Après Christine Bravo, en voilà un autre qui n'a pas fini de nous gonfler avec le Mexique, parce qu'il vient d'y tourner le film de BHL… Il en a fait des tonnes dans le lyrisme tropical viril, le tout accompagné de ses froncements de sourcils de baroudeur plein de charme, style publicité pour Mennen. Avec des phrases du genre : « Là-bas tout tremble, les volcans, la terre, les gens… » À mon avis il devait s'y trouver le jour où Christine Bravo est tombée nez à nez avec Tina Kieffer !…

À part ça, Delon a été égal à lui-même. Il y a eu notamment deux grands moments dans l'émission : d'abord son coup de fatigue lorsque Anne Sinclair lui a demandé si l'armée lui avait appris la discipline. Il a répondu avec superbe : « Non, moi je suis un animal. Si on avait voulu m'apprendre la discipline, je serais parti... Non, moi l'armée elle m'a surtout appris... la discipline ! » Et le deuxième grand moment, la narration de sa rencontre avec BHL : « Nous nous sommes rencontrés sur une plage du bout du monde, et là il n'y avait plus que deux hommes nus qui avaient envie d'avancer ensemble... » Il ne manquait plus que l'indien et le flic New-Yorkais et ils pouvaient reconstituer les Village People !

Dans l'émission « Combien ça coûte ? », Arielle Dombasle, au nom de la parité, n'a pas voulu laisser l'exclusivité de la connerie à son époux. Voulant faire étalage de sa culture, elle a dit soudain : « Si vous allez à Moscou, surtout faites comme moi, allez visiter le musée de l'Ermitage, c'est magnifique ! » Sachant que le musée de l'Ermitage se trouve à Saint-Pétersbourg, on se demande bien ce que les Moscovites lui ont fait visiter qui lui ait laissé un tel souvenir !

DROIT DE SAVOIR (LE)

FÉVRIER 2000

J'ai regardé « Le droit de savoir », une émission dont le titre ambitieux peut laisser penser qu'il s'agit d'investigation journalistique. On imagine des grands reporters en Tchétchénie ou au Kosovo... Pas du tout, là c'était un « Spécial agences matrimoniales » ! On y voyait Édouard Fietta, cinquante-cinq ans, qui habite Overneau, vit seul depuis cinq ans et a besoin de tendresse… Bon déjà, le type s'il est dans l'annuaire, là il va vivre ce que vit M. Leneuf, du genre : « Alors Édouard, t'as besoin d'affection ?… »

Édouard se rend donc dans une agence spécialisée dans les femmes russes, qui, en raison de la crise, sont nombreuses à vouloir se marier avec des Français pour quitter leur pays. On voit notre Édouard qui choisit les candidates sur catalogue, comme s'il choisissait un labrador. Il dit au patron de l'agence : « Vous voyez, celle-là possède les mensurations idéales pour l'homme exigeant que je suis » ou bien « La châtain, là, je veux la voir. Vous me la mettez dans le lot de celles que je veux voir à mon arrivée… » Il se rend à Saint-Pétersbourg, là on lui fait rencontrer les filles — très belles, effectivement —, et il s'approche d'elles en disant : « Je vous ai amené un petit cadeau… » On se dit qu'il veut marquer le coup avec l'élégance, la classe française… Un petit ensemble de chez Dior, ou à la rigueur un parfum… En fait, le type sort d'un sac des lunettes en plastique « An 2000 » (vous savez, ces gadgets imbéciles où on met les yeux dans les zéros de 2000) et il dit aux filles : « Humoristique, cadeau francia !… » Les filles : « Ah ! Da… ! » — elles pensent « Humoristique, cadeau blaireau… » Précisons que le candidat au mariage, dans sa fiche signalétique, à la question « Quelles sont vos qualités principales ? » avait inscrit « Homme de goût ».

Du coup, les filles — qui avant la rencontre étaient enthousiastes à l'idée de venir en France — semblaient calmées après l'épisode des lunettes. Elles disaient : « Finalement, on va réfléchir, parce qu'on est quand même attachées à la Russie. Bon ben, j'vais vous laisser parce que c'est pas tout ça, mais j'ai un goulasch sur le feu, faut qu'j'y aille !... » Autant vous dire que notre ami Édouard est rentré bredouille.

DRUCKER MICHEL

DÉCEMBRE 1996

Ce week-end, Michel Drucker avait probablement oublié de prendre ses sucres lents. Passons rapidement sur cette insistance pénible qu'il a de vouloir à toute force nous faire croire que ses émissions sont en direct alors qu'elles sont enregistrées depuis trois mois, pour en venir à son invité, Francis Huster. Drucker s'est cru obligé de faire un numéro du genre : « Francis, merci de nous rejoindre ce dimanche soir après une matinée au théâtre dont on sait combien elles sont épuisantes. » L'autre, gêné, va pour bredouiller une réponse embarrassée, mais de toute façon il n'a rien à craindre car Drucker fait les questions et les réponses... Pour vous en convaincre, voici le script intégral et authentique de l'émission d'hier :

Drucker :

– Francis, parle-moi de Christina ta compagne, il paraît que tu as eu le coup de foudre pour elle en la voyant sur une photo ?

Huster :

– Oui, c'était…

Drucker :

– T'es tombé sur une photo, et t'as dit : « Appelez-moi cette jeune fille. » C'est ça ?

Huster :

– C'est-à-dire que…

Drucker :

– Et elle est devenue la femme de ta vie…

Huster :

– C'est ça, et…

Drucker :

– Et comment ça se passe les répétitions avec elle ?

Huster :

– Eh bien, on essaie de…

Drucker :

– Pour bien te concentrer tu arrives très tôt au théâtre ?

Huster :

– Euh… Oui, j'arrive vers 6 heures et…

Drucker :

– 6 heures, 6 heures et demie…

Huster :

– C'est ça…

Drucker :

– Et Christina est dans la loge d'à côté ?

Huster :

– Euh... Oui, et...

Drucker :

– Et là tu t'enfermes, tu ne vois plus personne.

Huster :

– Non, je veux voir pers...

Drucker :

– Et comment tu fais pour tenir vocalement ?

Huster :

– Eh bien je...

Drucker :

– Non, parce qu'il faut dire aux téléspectateurs que la pièce dure trois heures non-stop avec un entracte d'un quart d'heure (là, Drucker il faudra qu'il nous explique comment on fait trois heures non-stop avec un entracte d'un quart d'heure), ce qui constitue une véritable performance ! Tiens, à propos de performance, toi qui aimes le foot, regarde...

Drucker envoie alors un petit film dans lequel trois joueurs du PSG posent chacun une question à Huster. Florian Maurice lui demande son favori pour la Coupe du monde, Guérin veut connaître ses points forts au foot et Raï veut avoir son avis sur la sélection brésilienne. On revient sur le plateau et, juste au moment où Francis Huster, ému, s'apprête à répondre aux trois questions, Drucker intervient : « C'était une belle surprise, hein Francis ? Maintenant nous recevons Jean-Marc Thibault... »

EUROVISION

FÉVRIER 2000

Hier soir, j'ai regardé sur France 3 une émission consacrée à la sélection française pour le prochain Grand Prix de l'Eurovision. C'était en quelque sorte la « blaireau pride ». Quand je vous aurai dit que l'émission était présentée par Karen Cheryl et Julien Lepers, que le jury était présidé par Patrick Fiori — oui, ils l'ont choisi parce qu'un homme qui considère Lara Fabian comme son idéal féminin est forcément un homme de goût —, et que ledit jury était constitué de Loïs Andréa, Marie Myriam — qu'on avait sortie de sa housse avec la naphtaline —, Linda Lacoste, Jean Réveillon et Thierry Beccaro, il était inévitable qu'on assiste à un grand moment de télévision. Et on n'a pas été déçus !

L'émission a commencé très fort : Julien Lepers demande à Patrick Fiori de lire la phrase solennelle d'ouverture de la cérémonie, vous savez : « Je déclare ouverte la sélection française pour l'Eurovision, etc. » On sentait bien que ça le contrariait, Lepers, que ce soit l'autre qui prononce la phrase officielle. En plus, il s'écartait de lui pour éviter son souffle — oui, il faut savoir que Patrick Fiori a une haleine de chercheur d'or, au point que Lepers a eu cette phrase freudienne : « Bon, Patrick, maintenant c'est à toi de prononcer la phrase fétidique... »

Karen Cheryl, elle, faisait les coulisses. Elle nous l'a jouée lyrique, avec une emphase et une affectation pathétiques, et en ne nous épargnant aucun lieu commun. Dès la première intervention, elle nous fait part de son « émotion de se trouver dans ces coulisses où tant de grands sont passés depuis des décennies ». Il faudrait que quelqu'un lui dise que l'Olympia a été reconstruit, et qu'à l'endroit où elle se trouvait, avant, c'était les cabinets du Crédit Lyonnais. Bon, c'est vrai que tout le service comptabilité y est venu pisser, mais y a pas de quoi être émue à ce point !... Probablement submergée par l'émotion, cette pauvre Karen ne nous épargna aucun lieu commun. Voici un florilège de ses plus belles phrases : « Ils sont à l'aube d'une carrière prometteuse et leur nom s'accrochera bientôt en lettres de feu au fronton de l'Olympia »... « Courez vers cette scène de l'Olympia qui vous tend les bras ! »... « Écoutez, votre public vous appelle... » Ou bien, quand les candidats étaient blacks : « Ils nous viennent d'un pays gorgé de soleil... » Et puis évidemment, pour un groupe de cinq musiciens : « Ils nous viennent des cinq coins de l'Hexagone... » L'Hexagone a six coins, elle devrait pourtant s'en souvenir du chiffre 6, c'est son QI !

Un des candidats était pompier. Karen lui demande : « Dis-moi, est-ce qu'il faut plus de courage pour affronter l'Olympia ou pour être pompier ? » Le type, désarçonné par la connerie de la question, l'a regardée en plissant le front et a répondu : « Énormément. »

Pour aérer l'émission, entre chaque candidat on revoyait des extraits d'anciens concours de l'Eurovision. Après l'un de ces extraits, lorsque la caméra est revenue sur le jury on s'est aperçu que Loïs Andréa, qui n'avait pas tout compris, mettait des notes aux extraits de l'Eurovision de 1972 ! On lui avait dit « Faut noter », elle croyait qu'il fallait tout noter !...

Venons-en aux candidats. La première était une jeune fille vêtue d'une robe rose en vinyle, c'est-à-dire la mode « tendance Valérie Pascale ». Elle a été suivie d'un garçon qui s'appelait Stéphane Godsein. Le malheureux est parti un demi-ton plus bas que l'orchestre et n'a jamais pu remonter.

Bon évidemment, Lepers a fait du Lepers. Notamment quand il a demandé à l'Australienne si l'Eurovision avait du succès en Australie. L'autre : « Ben... C'est-à-dire que dans "Eurovision" il y a "euro" et que l'Australie, c'est quand même loin de l'Europe... » Alors Lepers, énervé : « Oui, mais Abba a eu beaucoup de succès en Australie ! » L'autre l'a regardé un instant, on a senti qu'elle voulait lui répondre : « Oui, mais pas grâce à l'Eurovision, pauv'con ! J'te dis que dans "Eurovision" y a "euro", alors l'Europe en Australie, on s'en bat l'œil avec une queue d'alligator farcie ! » On a senti tout ça... Du coup, vexé, Lepers a passé son temps à donner l'heure pour bien montrer que c'était en direct...

On a eu droit aussi au groupe « Les Mademoiselles », de l'école Alice Dona. Il faut quand même avoir le courage de dire qu'Alice Dona dirige depuis des années une école de futurs chanteurs dont ceux qui ont le mieux réussi sont passés une fois à « La Chance aux chansons ». Je voudrais dire aux parents : « Si votre enfant a envie de chanter, ne l'envoyez surtout pas chez Alice Dona ! » Là, le groupe qu'elle avait envoyé au concours et qui s'appelait « Les Mademoiselles » était une copie en moins bien du groupe « Les Parisiennes » qui sévissait dans les années 1960. Leur chanson s'intitulait *SOS, j'ai besoin de tendresse.* On n'ose plus ça depuis 1958, date de l'arrivée du général de Gaulle au pouvoir !

Mais le pire, c'était le groupe « Hologramme ». Ils étaient quatre et pas un seul ne chantait juste. Et ils se jetaient des regards de reproche, du genre « Tu chantes faux », « Et toi, tu t'es pas entendu ! »...

Thierry Beccaro lui, s'était assoupi. Au point qu'au moment où Julien Lepers l'a appelé il a sursauté en criant : « Motus ! » Lepers lui a dit : « Excusez-moi de vous réveiller pendant la sieste. » Il faut dire que notre ami Thierry était là pour deux raisons qui n'avaient absolument rien à voir avec l'Eurovision. D'abord, annoncer à la France entière qu'il allait jouer à partir du mois de mars à l'Espace Kiron, et surtout essayer de conclure avec l'huissier, une ravissante blonde répondant au nom de Maître Mariano. Louise Mariano.

Un autre candidat annonce à Karen Cheryl qu'il est le petit-fils de Katchadourian. Croyant que c'était un épicier arménien, elle fait : « Ah... C'est bien. »

Ensuite, un dyslexique a dit qu'il voulait profiter de la Saint-Valentin pour dédier sa chanson à toutes les mamans. Et le jour de la fête des Mères, il la dédiera sûrement à tous les amoureux de la terre !...

Après que les quatorze candidats eurent fini de chanter, les gens avaient un quart d'heure pour téléphoner. Là, Julien Lepers — qui n'avait pas digéré de ne pas prononcer la phrase « fétidique » — a pris un air solennel et a annoncé : « Nous déclarons ouvert... » Il voulait dire que les gens pouvaient téléphoner, mais il n'arrivait plus à trouver la phrase... Donc ça a fait : « Nous déclarons ouvert... » Grand silence... On l'imaginait en voix off demander à son cerveau : « Dis-moi mon cerveau, qu'est-ce que je pourrais bien déclarer ouvert ? », et son cerveau lui répondait : « T'as qu'à dire : "Questions pour un champion"... Non je plaisante, c'est le standard que tu dois ouvrir ! » Alors Julien, rassuré : « Nous déclarons ouvert le standard, et il donne le Minitel. Mais comme il oublie « 3615 », il dit « Le Minitel France 3 code 3615 », et là il se rend compte qu'il l'a dit à l'envers, il panique et se met en boucle ! Ça donne : « Minitel France 3 code 3615 France 3 code... » Et pour en finir, comme il n'arrivait plus à récupérer dans son cerveau la phrase exacte, il conclut en disant : « France 3 code » !

GÉLIN Daniel

MAI 2001

Daniel Gélin fut la cause de mon premier émoi télévisuel. La scène que je vais vous raconter a eu lieu dans les années 1960. Il n'y avait à l'époque qu'une seule chaîne de télé en noir et blanc. Le dimanche soir, après le journal télévisé et « Sport Dimanche », venait l'heure du grand film. Nous, les enfants, nous avions juste le droit de regarder « Sport Dimanche », après quoi nous entendions la phrase maternelle, inexorable et terrible : « Allez au lit, demain y a école ! » Parfois, profitant d'une inattention ponctuelle de nos parents qui discutaient dans la cuisine, on restait sans bruit devant la télé, on regardait le début du film… Et le lendemain, à la récré de l'école Paul Vaillant-Couturier, on crânait en racontant… Nos préférés étaient les films de guerre. Je me souviens d'un film intitulé *Le temps d'aimer, le temps de mourir.* À la fin, alors que l'armistice venait d'être signé, un soldat se faisait abattre par un tireur isolé et s'écroulait au bord d'une rivière dans laquelle il laissait tomber la lettre d'amour de sa fiancée. On voyait la lettre dériver au fil de l'eau pendant que sur l'écran s'inscrivait le mot « Fin »… On aimait aussi les films rigolos comme *Le triporteur* avec Darry Cowl. Je me souviens aussi d'une parodie du film *Quand passent les cigognes* qui s'appelait *Quand passent les faisans.*

Et puis il y avait aussi les films avec le carré blanc. Là, pas question de regarder ! Pourtant, un dimanche soir de laxisme parental où je restais hypocritement devant la télé, j'ai vu le début d'un film avec carré blanc qui s'appelait *Les dents longues.* Daniel Gélin en tenait le premier rôle. Dans mes lointains souvenirs, il prenait une chambre dans un hôtel en bord de mer, hors saison, et au matin de sa première nuit dans cet établissement, la femme de chambre lui apportait le petit déjeuner en robe de chambre, posait le plateau sur une table puis se retournait vers lui avec un geste gracieux à peine perceptible pour dénouer la ceinture de sa robe de chambre qu'elle entrouvrait comme on ouvre les portes du paradis… C'était la première fois de ma vie que je voyais les seins d'une femme. Des seins laiteux, magnifiques, que dis-je magnifiques, il n'y a pas de mots ! Je n'avais jamais rien vu d'aussi beau !... C'était doux et lumineux, c'était tout simplement merveilleux !... Je regardais l'écran, tétanisé et ébloui, lorsque soudain j'entendis la porte s'ouvrir et cette phrase terrible : « Bon allez, au lit, demain y a école ! »...

Autant vous dire que je me suis couché avec dans la tête et dans le cœur l'image de ce trésor. Et le lendemain, je fus bien entendu le héros de l'école. À la récré, la rumeur s'était répandue comme une traînée de poudre : « Il paraît que Carlier a vu des seins ! » Les autres enfants venaient me voir et je racontais inlassablement la scène de la robe de chambre qui s'ouvrait. Oui, Carlier avait vu des seins ! Il avait neuf ans et quatre mois et il ne les oublierait jamais !...

L'été dernier j'ai rencontré Daniel Gélin. À la fin de notre entretien, il m'a dit : « Au revoir, Carlier. » Étrangement, il m'a appelé par mon nom, comme mes copains dans la cour de récré de l'école Paul Vaillant-Couturier d'Argenteuil. Ce jour-là, j'ai eu à nouveau neuf ans et quatre mois...

HARDY LINDA (« C'EST BON SIGNE »)

MAI 2000

J'ai regardé la nouvelle émission de M6 animée par Linda Hardy et consacrée à l'astrologie. Pour vous résumer la prestation de l'animatrice avec tact et nuance, je dirais que Linda Hardy est totalement nulle, que c'est le degré zéro de la télévision : elle se borne à déchiffrer maladroitement des textes écrits par d'autres sur un prompteur. Linda Hardy, c'est le néant absolu, le trou noir ! Oui, c'est une vraie brune… À propos de trou noir, on a beaucoup insisté, dans l'émission , sur l'influence prépondérante de la Lune. L'épouse d'un jardinier est venue expliquer que la pleine lune était propice à la plantation de carottes et de concombres, en précisant même : « Mon mari, il suffit qu'il y ait un nœud dans la lune, ça lui chamboule tout ! » Linda Hardy approuvait de la tête ; on sentait que le sujet la passionnait et qu'elle connaissait parfaitement l'influence de la pleine lune sur la taille des carottes.

On a appris aujourd'hui que cette émission diffusée par M6 allait être supprimée en raison de son score d'audience catastrophique : elle a été regardée par 6 % des téléspectateurs. Ce résultat est la démonstration que l'astrologie n'est qu'une vaste fumisterie, puisque aucun astrologue présent ce soir-là n'a pu prévoir que cette émission allait se casser la gueule !

LARUSSO

JANVIER 2001

Hier soir sur France 2, le fils de Claude François présentait une émission sur son père. On regardait avec tendresse des images d'il y a trente ans, en noir et blanc… Remarquez, il y avait aussi des images en couleurs, puisque Larusso est venue chanter *Magnolias for ever.* D'ailleurs quand on parle de couleur au sujet de Larusso, c'est un pléonasme. Cette fille-là, on dirait un Picasso vivant !... En plus on a comme l'impression qu'un extraterrestre malade lui a vomi sur la tête un lendemain de cuite... Le plus drôle, c'est lorsqu'elle s'est mise à chanter le passage en anglais de *Magnolias for ever,* on aurait cru Jacques Delors en visite à Downing Street ! Évidemment, elle avait voulu faire une chorégraphie façon Claude François. Et la danse, c'est comme l'art capillaire, c'est pas son truc à Larusso... Son ballet était à mi-chemin entre le défilé de majorettes et le cours d'aérobic...

Mais le plus grand moment de l'émission fut sans conteste Arielle Dombasle venant chanter *Belles Belles Belles* façon Castafiore. Vous imaginez ce que ça peut donner... Je vous rappelle le premier vers de la chanson : « Un jour mon père me dit fiston... » Arielle vocalisant avec une voix de soprano « Un jour mon père me dit fiston », ce fut le grand moment de surréalisme du week-end !

LEPERS Julien

AVRIL 1998

Hier, dans l'émission « Questions pour un champion », Julien Lepers nous a fait l'entrée suivante : « Un immense bonsoir ! Un immense bonsoir au public, aux candidats, aux techniciens, et surtout aux ré-dac-teurs-des-ques-tions, bref un immense bonsoir à tous, et quand je dis immense je le pense vraiment, c'est pas comme des fois quand on dit bonsoir comme ça, et qu'on y croit pas vraiment… On dit bonsoir et on pense à autre chose, on se dit : "Tiens ? Qu'est-ce que j'ai mangé à midi ?" Non, là je vous dis un immense bonsoir sincère du fond du cœur, un immense bonsoir qui veut dire que maintenant le téléphone peut-bien-sonner, on-peut-bien-frapper-à-la-porte, on-ne-ré-pond-pas-puisqu'on-regarde-Questions-pour-un-champion ! »

Oui je sais, c'est terrifiant. On atteint là une espèce de synthèse ultime de la niaiserie, la substantifique moelle, c'est le trou noir, le big bang, la création du monde, finalement Julien Lepers a raison : il est Dieu !

MAI 1998

Dernièrement, je vous ai promis que j'arrêterais de vous narrer les aventures de Julien Lepers. Je dois ce matin faire un terrible constat d'échec : je n'ai pas réussi à tenir ma promesse. Comme pour toute cure de désintoxication, je savais que ce serait dur. Je pensais profiter du week-end de la Pentecôte pour me désaccoutumer et prendre un produit de substitution. J'ai donc essayé le Risoli, qu'on appelle aussi « la méthadone de la connerie ». Bon, c'est vrai que le Risoli rappelle par certains côtés le Lepers : le sourire niais, la démagogie, les troubles capillaires… Mais quoi qu'on en dise, un Philippe Risoli ne remplacera jamais une bonne dose de Julien Lepers !… En plus, Risoli c'est pas de la connerie pure, il y a des morceaux de cynisme dedans ! Alors que le Lepers, c'est de la vraie, de la bonne, de la pas-trafiquée ! Comme on m'avait dit : « Tu ne pourras pas y arriver tout seul, il te faut rencontrer d'anciens malades qui s'en sont sortis, ça t'aidera », je me suis rendu à la réunion d'une association, « Les Lepers anonymes ». D'anciens accros qui sont guéris y expliquent comment ils ont réussi à décrocher. On y voit des gens qui en étaient arrivés à un point épouvantable : ils mettaient des vestes orange avec des cravates de parrains du cartel de Medelin, ils se baladaient avec des fiches en carton et tendaient l'index devant eux en essayant de faire des phrases et en limitant volontairement leur vocabulaire à cinquante mots, etc. Pis encore : comme pour les transsexuels, certains ont franchi le stade ultime, ils se sont fait opérer ! Ils sont allés au Maroc pour se faire lobotomiser afin de supprimer l'excédent d'intelligence et ramener le QI à 22 — un QI de 22, c'est entre le canard de Barbarie et la fouine, donc pile Julien Lepers !

Bref, tout ça m'avait fait du bien et je pensais m'en être sorti… Quand hier soir, j'ai craqué. Une pulsion irrésistible m'a poussé à allumer ma télé sur France 3 à 18 h 15. J'étais là, hagard, agité de convulsions et traversé de frissons, quand il est apparu en souriant. De suite je me suis senti mieux… C'est ça qui est bien, avec Lepers : il fait effet tout de suite. Il balance son ânerie d'entrée — en plus hier, c'était de la bonne…

Déjà, rien qu'en le voyant, on ressent comme une chaleur à l'intérieur. Et puis il a commencé en disant : « Nous allons faire un beau jeu, des questions, des réponses, on va essayer d'apprendre des choses, même si on les oublie quelques secondes après, ça sert à ça la télévision… » Voilà, il l'a sortie la connerie. Mais comme il se rend compte de l'énormité de ce qu'il vient de dire, il enchaîne : « Ça sert à ça la télévision… euh… Ça sert à s'informer ! » Là, il réfléchit en plissant le front : « Ça sert à… divertir… Ça sert aussi à savoir des choses… » Il se rend compte qu'il vient de dire exactement le contraire de tout à l'heure, alors il pense : « Je vais terminer ma phrase à toute vitesse, ils ne se rendront compte de rien », et il conclut : « Ça sert aussi au transfert des connaissances et du savoir ça va Geneviève ?… » Le « Ça va Geneviève ? » n'a rien à faire dans cette phrase, mais il avait épuisé tous les mots disponibles en mémoire et ça lui permettait de changer de sujet.

AVRIL 2000

Voici la petite « Leperserie » du jour. Hier soir notre ami Julien, d'humeur badine, a commencé l'émission en disant : « Bonsoir à tous et bienvenue à “Questions pour un champion”, que ce soit sur France 3 ou sur TV5 ou sur France Télévision ou sur une autre chaîne ou peut-être même d'autres chaînes ! Comment allez-vous ? Bien, j'espère ! Nous avons un public plein à craquer… Les caméras, les ingénieurs du son, la lumière… Tout le monde est prêt pour vous offrir la meilleure émission de télévision possible !… Je sais que vous nous suivez souvent… — là, l'émotion le submerge — Et ça me touche beaucoup, vous êtes des millions et des millions à être branchés sur “Questions pour un champion”, quelle que soit l'heure de réception, et j'ai presque envie de vous dire que ça me touche… » À cet instant, sa synapse endommagée ayant fait le tour de sa boîte crânienne, le voilà qui se met en boucle. Il lui faut donc sortir de ce cercle infernal. Il reprend : « J'ai presque envie de vous dire… » Donc là, on sent qu'il a failli dire « Roue de tracteur » ou « Tarte aux pommes » ou « J'ai presque envie de vous dire… que je vous aime… Je vous aime… » Eh bien je vais vous dire, à cet instant précis, moi aussi je t'aimais Julien !

MAI 2000

En regardant « Questions pour un champion » hier soir, je me disais que Julien Lepers devrait léguer son cerveau à la science, afin que les neurochirurgiens puissent enfin répondre à cette question : « Comment un cerveau humain constitué de 14 000 millions de cellules peut-il sortir autant de conneries ? »

Je vous explique : Julien Lepers reçoit un candidat retraité. Au début tout se passe normalement. Julien lui demande à quoi il passe ses journées et l'autre lui répond : « Je passe mes journées à vivre. » Bon. Là, comme le cerveau de Lepers attendait une réponse du style « Je passe mes journées à faire les mots fléchés de Maître Capello », il est déstabilisé par la réponse et s'embarque dans une de ses phrases dont il ignore totalement la fin lorsqu'il la commence : « Ah ? Vous vivez… Et… C'est très important la vie, c'est un travail… Et… que pensez-vous justement… » Et là, il ne sait plus. On voit bien qu'il se demande désespérément ce qu'il va dire ensuite. Alors ça donne exactement ça : « Que pensez-vous justement… Est-ce que… Est-ce que… Euh… Vous êtes obnubilé par la mort ?… Vous y pensez beaucoup ?… » Autant vous dire que ça a jeté un froid sur l'émission ! À cet instant en France, 9 247 retraités venaient de mettre la tête dans leur four et d'allumer le gaz !… Le candidat, tétanisé, se dit : « Bon, je vais me mettre au niveau. » Il lui répond : « Je trouve que c'est un faux problème, parce que quand on est vivant on n'est pas mort. » Lepers réfléchit : « Oui… oui… oui… Quand on est vivant, on n'est pas mort. » Je vous rappelle que 14 000 millions de cellules travaillent pour ça ! D'ailleurs le candidat devait penser la même chose que moi puisqu'il a conclu : « Eh oui, il faut vivre, mais c'est pas facile car quand on se regarde, on se trouve assez médiocre. Je ne dis pas ça pour vous, Julien !… » Non, tu parles !

OCTOBRE 2000

Ce qui est bien avec Julien Lepers, c'est qu'il nous surprend à chaque fois. L'épisode d'hier s'intitulait « Julien Lepers combat l'exclusion ». Pris d'une exaltation soudaine, l'animateur se lance dans un vibrant discours humaniste — je cite : « Moi je trouve qu'à la télévision, notamment à France 2, France 3, on a un rôle social très important. Denis, vous êtes actuellement au chômage suite à une restructuration. Eh bien… profitez de la télévision pour lancer un message ! Allez-y ! » Là on se dit bravo Julien, voilà un brave gars, ancien manutentionnaire à Sarcelles, qui vit avec un RMI, probablement harcelé par les huissiers, et c'est vrai, c'est le rôle du service public que de faire du social et de lancer un appel. Lepers lui lance :

« Allez-y, profitez-en… » Et le candidat répond : « Merci Julien. Voilà, j'habite Neuilly et j'étais directeur général d'une grande société. Je ne recherche pas vraiment un emploi, mais plutôt une activité… » Sous-entendu : « Je n'ai pas besoin de thunes, vu les indemnités et les stock-options que j'ai récupérées en partant, non, je cherche plutôt à m'occuper pour pas passer mes après-midi à Neuilly à regarder Arielle Boulin-Prat dans "Des chiffres et des lettres". »

Eh bien ça n'a pas refroidi notre ami Julien, qui a même ajouté : « Et je précise que s'il le faut, vous êtes prêt à prendre l'avion… » Oh ! la vache, c'est dingue ! Les gens sont prêts à tout pour bosser ! J'ai cru que l'autre allait répondre : « Oui c'est vrai, je suis même prêt à bouffer tous les jours au restau et passer tout en notes de frais ! » Enfin, Julien a conclu : « Vous vouliez dire un petit mot ? » « Oui, je voudrais remercier M. Machin, qui s'occupe des cadres en recherche d'emploi de Neuilly-sur-Seine, il fait un travail formidable ! »

Eh bien moi, je voudrais qu'on remercie Julien Lepers pour son engagement envers les exclus, les bannis, les parias de la société… Bravo le service public !

FÉVRIER 2001

Samedi, notre ami Julien Lepers, tout excité par la perspective du week-end, commence « Questions pour un champion » en disant : « Nous sommes samedi, et le samedi on ne met pas de cravate. » Oui, car contrairement à son habitude, il ne portait pas l'une de ses fameuses cravates orange de réfugié albanais… Pour justifier sa décontraction, il s'exclame donc : « N'est-ce pas que le samedi on ne met pas de cravate ? » Là, il s'aperçoit que, manque de pot, les candidats masculins étaient tous en cravate. Alors, pas désarçonné, il s'adresse à la seule femme candidate : « Eh oui, le samedi on ne met pas de cravate, comme vous Christiane ! Vous ne mettez pas de cravate le samedi ? » La dame, terrifiée : « Euh... ben non, j'en mets jamais »... Là, j'ai eu peur qu'il insiste en lui demandant si par hasard, le premier samedi du mois, elle ne portait pas de cravate de notaire en regardant Canal +, mais il n'a pas osé.

Plus tard, son neurone de Woodstock lui a encore joué un tour. À un moment, juste à la fin d'une question, paf ! La synapse tombe sur le neurone hors d'usage ! Du coup apparaissent les symptômes qu'on connaît, ce flou dans les yeux de Julien, son front qui se plisse d'incompréhension, et puis la connerie, la bonne grosse connerie qui arrive... À la fin de sa question, au lieu de s'arrêter pour que les candidats puissent répondre, il continue à lire sa fiche et enchaîne en donnant la réponse ! Ça fait ça : « Quelle mer d'Indonésie doit son nom à une île appelée Sulawesi, réponse la mer des Célèbes » ! Les candidats, éberlués, le regardaient bouche bée, mais Julien, jetant sa fiche avec désinvolture, a enchaîné comme si de rien n'était avec la question suivante.

MAI 2001

Voici venue la fin de la saison. Les organismes des animateurs de télévision soumis à la brutale canicule après des mois de pluie sont harassés. Notre ami Julien

Lepers n'échappe pas à la règle. Aussi, les candidats de « Questions pour un champion » ont décidé de lui donner un coup de main. Hier Élisabeth, une candidate charmante au demeurant, souffrait d'une coquetterie dans l'œil. Remarquez, quand je dis une coquetterie c'est un euphémisme : on aurait cru la fille naturelle de Christophe Lambert et de Dalida. Bref elle biglait, elle louchait terriblement... Vous pensez bien que Julien n'allait pas pour autant faire preuve de délicatesse, et le voilà qui pose à la candidate cette question terrible : « Quel défaut de parallélisme des yeux... hum... caractérise quelqu'un qui louche ? »... Les autres candidats n'osaient pas répondre pour ne pas vexer Élisabeth, donc tout le monde la regardait, mais elle restait stoïque... Bref, elle ne voyait pas !...

Ensuite, pendant toute l'émission, Lepers se concentrait pour ne pas dire quoi que ce soit qui puisse être équivoque par rapport à l'infirmité de la dame... Il faisait penser à ce dessin de Claire Bretécher où une dame reçoit chez elle un type doté d'un pif énorme. Pendant tout le repas, elle fait bien attention à ne pas faire la moindre allusion au nez de son convive, et au moment du café, dans un instant de relâchement, elle craque en demandant : « Vous voulez combien de sucre dans votre nez ? »... Julien, comme la dame de Bretécher, essayait de noyer le poisson en disant à Élisabeth : « Alors vous avez une très grande passion dans votre vie, quelqu'un qui s'appelle Quentin... Qui est ce Quentin ? » « C'est mon chat et... » Julien : « Et il aime "Questions pour un champion" ? » « Oui, c'est un fan. » Lepers, s'enthousiasmant : « Et il regarde le jeu tous les soirs, c'est ça qui est fou ! »

Julien : « Vous avez étudié l'intelligence des animaux ? » « Ben non, juste la sienne… » Et Julien, pensif : « C'est incroyable… » On sentait que pendant cette suspension la bonne grosse connerie, l'énorme, arrivait… Il commence : « Est-ce qu'il met ses pattes les unes sur les autres comme pour appuyer sur un buzzer ? » Et l'autre qui décide de péter les plombs avec Lepers : « Oui, je l'ai vu appuyer sur le buzzer pour une question qui concernait le satin ! »

Lepers (sérieux) :

– C'est pas possible ?

La candidate :

– Si, si ! Il avait reniflé un tissu satiné juste avant !

Lepers :

– Est-ce qu'il réagit au générique de l'émission ?

La candidate :

– Non non, absolument pas.

Lepers (cachant mal son désappointement) :

– Oui, faut pas exagérer, ça ne va pas jusque-là !

La candidate, qui sentait qu'elle avait déçu Julien :

– Remarquez, à part « Questions pour un champion », Mon chat est aussi un amoureux de Lady Di.

Lepers :

– Mais comment le savez-vous ?

La candidate :

– Parce qu'à chaque fois qu'on parle de Lady Di à la télé, il se met à lécher sa caisse.

Lepers :

– S'il le fait à chaque fois, ce n'est pas un hasard.

La candidate :

– Ou alors, c'est moi qui ai besoin d'un psychiatre, Mais je pense pas !

Lepers :

– Mais pourquoi auriez-vous besoin d'un psychiatre, y'a aucune raison !

SEPTEMBRE 2001

Hier soir, dans « Questions pour un champion » un candidat exerçait la profession d'ingénieur en physique nucléaire. Julien Lepers, faisant semblant de s'intéresser : « Ah, c'est passionnant ! Et… en quoi ça consiste exactement ? » Le type répond : « À partir de l'analyse de certaines données nucléaires, on détermine des protocoles permettant de synthétiser la matière pour en utiliser le rayonnement, qu'il s'agisse du visible avec l'infrarouge, ou bien de l'invisible avec les ultraviolets, les rayons X, etc. » Julien, qui avait déjà décroché au troisième mot, classait ses fiches pour les jeux à venir. Surpris par la fin de la phrase, il s'exclame : « On vous écouterait des heures, mais… pour vous laver la tête comment faites-vous ? » Le candidat l'a regardé en souriant. J'ai cru qu'il allait répondre : « Ben voilà, j'utilise

Heads & Shoulders, j'en prends un peu au creux de ma main et je frotte ! » Non, il l'a juste regardé en souriant et il a dit : « Pas grand-chose... »

Du coup, déstabilisé, Julien a enchaîné. Mais on sentait que de l'exposé du type étaient restés des mots de physique nucléaire qui tournaient dans sa tête. Et il enchaîne : « Questions pour un champion... Tous les regards sont tendus vers... les compteurs, les tableaux de contrôle, les écrans et les ordinateurs... Francis, un questionnaire sur les fruits. Allons-y !... »

LOFT STORY

MAI 2001

Triste nouvelle : sur M6, on apprend que le grand-père de Jean-Édouard est décédé. On se dit qu'ils ne vont quand même pas oser, ils ne vont pas faire de cette mort un élément du jeu... Eh bien si, ils ont osé ! En apprenant la mort du vieux, Arthur et les gens d'Endemol ont bu le champagne en se disant : « C'est bon ça, Coco ! » Et on a eu droit à l'évocation du grand-père par Jean-Édouard expliquant sans rire que la dernière volonté de l'aïeul était qu'il continue l'émission ! C'est tout juste s'ils n'ont pas tourné une vidéo avec l'ancêtre sur son lit de mort criant : « Vive Loft Story, vive M6 ! » Voilà un homme qui a aimé, qui a souffert... On dit que lorsqu'un homme meurt c'est une bibliothèque qui brûle... Là, Arthur et sa clique laissent entendre que les dernières paroles du grand-père à son petit-fils étaient : « Est-ce que Loana était bonne dans la piscine ? »…

Jean-Édouard a raconté la vie de son grand-père avec ses trente-quatre mots de vocabulaire. Ça donnait : « Ouais… Pépé, il était super… Il avait fait la guerre, et c'était super quand il racontait sa super guerre, super… » Les lofteurs opinaient du chef en réprimant des bâillements. Et Julie a clos ce moment de recueillement avec un magnifique éloge funèbre, puisqu'elle a dit : « C'est clair ! »

JUIN 2001

Commençons par un moment fort comme seule la télévision sait nous en donner parfois, je veux parler des dernières images du Loft diffusées par M6. On y voit les cinq candidats restants affalés comme à l'habitude sur les canapés IKEA. Ils doivent être contents chez IKEA. Ils avaient prêté des canapés en se disant « Tiens, on va faire une bonne opération publicitaire ! », manque de pot les lofteurs n'arrêtent pas de dire : « IKEA c'est d'la merde, c'est clair. » En plus ils vont récupérer leurs canapés pleins de taches impossibles à ravoir, c'est dégueulasse ! Même la chienne a pissé dessus ! Quand je dis la chienne je parle de la vraie chienne, hein, pas de Laure ! Elle ne pisse que dans la piscine…

Mais revenons aux dernières images de nos cinq candidats. On les voit allongés sur les canapés. Ils ont évidemment de plus en plus de mal à trouver des sujets de conversation. Déjà au départ, avec quarante-six mots de vocabulaire, c'était pas gagné.

Alors là, avec le temps qui passe… On les voit donc vautrés quand soudain, dans la salle à manger du Loft, on sent comme une tension sexuelle. Oui, on voit dans les yeux de Laure qu'elle désire ardemment Fabrice. C'est normal, car ce dernier est dans une position particulièrement érotique : avachi sur un canapé, il essaie d'attraper les mouches qui se posent sur lui. Je vous laisse imaginer la puissance érotique de l'image. Fabrice, bouche ouverte, torse nu, guettant une mouche qui, attirée par on ne sait quelle odeur, descend vers sa toison pubienne. Les autres regardent la scène, fascinés. Le suspense est à son comble. Fabrice lance sa main et… rate la mouche ! Laure, au bord des larmes devant cet échec, cherche à le réconforter avec une phrase de femme amoureuse. Après avoir longtemps réfléchi elle demande à Fabrice : « T'es déjà arrivé à attraper une mouche ? » Et Fabrice, pas déstabilisé : « Une fois. » C'était beau, on sentait qu'il était prêt à chasser des mouches pour les offrir à sa bien-aimée… Jacques Brel disait : « Moi je t'offrirai des perles de pluie venues de pays où il ne pleut pas… » Fabrice était prêt à dire : « Moi je t'offrirai des mouches à caca venues de canapés IKEA… » Ils sont restés ainsi jusqu'à quatre heures et demie du matin, se racontant à voix basse des histoires de mouches en se regardant dans les yeux… Puis enfin, au petit matin, ils ont fini par faire l'amour… et par voie de conséquence une tache supplémentaire sur le canapé IKEA !

Mais l'événement majeur de la journée d'hier était le départ de Kimy. Vers 23 heures, nous assistâmes à l'instant d'émotion tant attendu. Benjamin Castaldi, ouvrant l'enveloppe dans laquelle la production de l'émission avait inscrit le nom de la candidate qu'ils voulaient voir dégager, Castaldi, la voix défaite, annonça : « Celle qui va quitter le Loft ce soir est… Kimy. » Comme d'habitude dans le Loft, tout le monde pleura sans larmes. Kimy tomba dans les bras des uns et des autres en écrasant les micros, ce qui fait qu'on entendit ça : « C'est rien, frroummm… On se retrouvera tous à la sortie froummmm… Surtout continuez à délirer pour moi… froummm… Ouais, c'est clair ! »

Bref, on pensait l'émotion à son comble quand dans l'enthousiasme général, un des garçons passa la main dans les cheveux de Kimy. Et là, alors qu'elle était censée être complètement bouleversée, Kimy repousse le type en disant : « Putain, fais gaffe à mes cheveux ! », et elle se recoiffe en se regardant dans la vitre.

Dehors les autres ex-lofteurs l'attendaient. Heureusement qu'ils étaient là, car de Kimy, tout le monde s'en foutait. Cela nous permit d'avoir des nouvelles des anciens. David (celui qui est très laid et n'est resté que quatre jours) prenait comme d'habitude des poses simiesques en faisant honteusement la publicité de Pepsi. On apprit que Steevy allait faire de la radio avec Laurent Ruquier. On est content pour lui, il va apprendre plein de choses ! Aux États-Unis ils ont Stevie Wonder. Wonder ça veut dire merveille. Le nôtre aussi c'est Wonder, mais comme les piles qui ont déposé le bilan. On l'appelle Stevie Wonder parce que son cerveau a déposé le bilan !…

Hier donc, Kimy arrive sur le plateau et Benjamin Castaldi lui pose quelques questions : « Kimy, vous qui faites des rêves prémonitoires, est-ce que vous aviez prévu que vous partiriez ? » Elle répond : « Oui, 90 % des rêves me disaient que j'allais partir. » C'est plus des rêves, c'est la Sofres ! 90 % de ses rêves lui disaient qu'elle allait partir, 5 % qu'elle allait rester et 5 % de ses rêves étaient sans opinion ! Castaldi lui demande alors : « Kimy, qu'avez-vous ressenti lorsque vous étiez dans le couloir entre le Loft et l'extérieur ? » Kimy répond : « Dans le couloir on a une impression incroyable : on n'est plus dans le Loft et on n'est pas encore à l'extérieur... » Sans commentaire. Castaldi enchaîne : « Et quels sont tes projets ? » Elle répond : « Avec Loana, on a plein de projets ensemble. » On imagine qu'elles vont faire des études, apprendre à parler, etc. En réalité les super-projets c'est aller en boîte et faire du shopping ! Et puis, précise-t-elle, « d'autres trucs moins importants ». Je voudrais qu'on m'explique ce qu'il peut y avoir de moins important dans une vie que de faire du shopping avec Loana !...

Ensuite on lui a fait une proposition. Je vous rappelle qu'à chaque sortie d'un membre du Loft, on lui fait une proposition. À Aziz on a promis un rôle dans une série de M6 qui ne se tournera jamais, ainsi qu'un essai pour *Taxi 3*. À mon avis, il n'a pas besoin de faire les essais, le metteur en scène de *Taxi 3* n'a qu'à regarder la publicité faite par les quatre premiers éliminés pour une société d'assurances et dans laquelle on dirait qu'ils font exprès de jouer faux !... C'est d'autant plus surprenant qu'ils sont censés jouer leur propre rôle : Aziz conduit la voiture (qu'il a volée, donc), et les autres parlent leur langage habituel, essentiellement constitué de « C'est clair ! » Au premier rang dans la voiture, ils ont mis Delphine qui regarde Aziz. Comme ça elle est de profil et on ne voit pas qu'elle louche. Et derrière ils ont mis les deux que le public n'aime pas, David et Kenza. Donc hier, on attendait tous quelle proposition serait faite à Kimy. Serait-ce un film, une pub ?… On la devinait anxieuse quand Castaldi a annoncé : « Kimy, il y a quelqu'un ici qui va vous proposer quelque chose. » Il s'agissait du responsable du site Internet « Sport 24 » qui lui a proposé vaguement de collaborer à son site ! Et elle a fait : « Ah ouais… Super… »

JUIN 2001 (2)

Quelques nouvelles de nos amies les bêtes — je veux parler des quatre lofteurs survivants, de la chienne Chloé et des trois poules (il est vrai que la rare activité intellectuelle décelée dans le Loft vient de la chienne et des poules…).

Voici donc un résumé du « Best of » diffusé par M6 : hier matin, comme chaque jour, on les a réveillés avec de la musique à fond. Moi, réveillez-moi avec du Madonna à fond la caisse et je vous assure que vous retrouvez aussitôt les haut-parleurs dans la piscine… Les lofteurs, non. Dès qu'on balance la musique, Laure se lève d'un bond et improvise une chorégraphie ! En plus, bien qu'au saut du lit, elle est déjà parfaitement maquillée et habillée et se met à danser lascivement devant les caméras !… Je me demande quand même s'ils se foutent pas un peu du monde… Dans la vraie vie, personne ne fait ça au réveil !…

Un exemple au hasard : Stéphane Bern. Il se lève, il bouscule la princesse de Chimay, elle ne se réveille pas, comme d'habitude… Il faut dire qu'elle est épuisée, Stéphane l'ayant besognée jusqu'au bout de la nuit, et notre amie Élisabeth s'étant endormie au petit matin, épuisée mais repue d'orgasmes… Stéphane Bern se lève, et ainsi qu'il a vu faire Otto de Habsbourg, glisse une main à l'arrière de son pantalon de pyjama Dormeuil et se gratte la fesse gauche d'importance… Chacun a ses petites manies inoffensives. Stéphane Bern se gratte la fesse gauche puis, dans un geste plein d'élégance que lui a appris Hermine de Clermont-Tonnerre, il porte la main à son nez pour apprécier les effluves nocturnes exhalés par ses doigts… Il se rend alors dans sa cuisine afin de mettre en route le café, et, stimulé par le bruit de l'eau qui coule dans la cafetière, profite de sa présence devant l'évier pour procéder à une longue et délicieuse miction… Oui ! Stéphane Bern adore faire pipi dans l'évier de la cuisine ! C'est juste à la hauteur de son zizi… Il le pose sur le rebord et il sifflote en rêvassant, c'est un moment qui n'appartient qu'à lui, où il se ressource…

Mais revenons donc au Loft. Laure se lève, danse, puis va dans la cuisine prendre son petit déjeuner. Là, elle parle. Car, par on ne sait quel phénomène étrange, dès qu'elle mange, Laure parle. C'est pour la compréhension, la bouche pleine, que ce n'est pas évident… Bon, cela dit, comme elle ne dit que des conneries, ça n'a aucune importance qu'on ne comprenne rien…

Après s'être levée, avoir dansé et pleuré dans la cuisine, Laure a rejoint Christophe dans la piscine parce qu'elle avait envie de parler. Mais surtout, envie de pisser… Vous pensez que je dis ça pour persifler. Mais non, pas du tout ! Elle l'a confirmé le soir même ! Elle pisse dans la piscine aussitôt qu'elle entre dans l'eau, c'est plus fort qu'elle ! Elle a même ajouté, à l'intention de Christophe : « Ce matin, j'ai fait pipi pendant que tu étais dans l'eau avec moi ! » Ce à quoi Christophe a répondu : « Je m'en fous que tu m'aies pissé dessus, moi aussi j'ai pissé dans la piscine !… » Avec la chaleur qu'il faisait hier, je vous laisse imaginer le bouillon de culture… Après le bain, ils se sont allongés sur des serviettes posées sur la pelouse et ont parlé de la vie. Dans l'herbe, au soleil, c'était très romantique… Ils ont parlé de l'amour, de la vie, de toutes ces choses… Et puis Christophe a pété très fort. Laure a dit : « Voilà tout ce que ça t'inspire ! »…

Du coup, vexée, elle est allée s'asseoir à la table de jardin où Jean-Édouard buvait une bière… pour parler avec lui de l'amour, de la vie, de toutes ces choses. Mais Jean-Édouard, après une longue réflexion, lui a… roté au nez !

JUIN 2001 (3)

Voici le résumé de la journée des lofteurs tel que l'a diffusé M6 hier soir :

14 h 50 : les lofteurs font des marionnettes. Oui, dans le cadre des activités CM1, après le vase en pâte à sel, la production leur a demandé de fabriquer des marionnettes et leur théâtre ; Loana y est très bien parvenue. Devant les compliments des autres, elle a répondu : « Dans tous les travaux manuels je m'en

suis toujours bien sortie, je tiens ça de ma mère qui sait tout faire avec ses mains ! »... Pendant ce temps, Jean-Édouard venait de terminer le théâtre. Bon, ne vous affolez pas, il avait cloué quatre planches et écrit Guignol dessus avec sa jolie écriture de cours élémentaire...

14 h 55 : séquence de trois minutes sur Laure qui boit. Je vous rappelle qu'il s'agit du « Best of » ! Ça vous donne une idée du néant de leurs journées !... Un long plan fixe de trente secondes sur son regard vide... Elle fait du bruit en buvant, puis on entend un net bruit de glotte qui résonne dans sa boîte crânienne... Alors, avec une classe folle, elle passe sa langue sur ses gencives d'un geste circulaire...

Arrivant au bout du jeu, la production a de plus en plus de mal à trouver aux lofteurs des occupations intelligentes. Leur dernier défi était de faire un feu sur la pelouse et de l'entretenir toute la nuit... en discutant autour du feu. Le problème, c'est que leur capacité de discussion n'excède pas un quart d'heure. Donc il y en a un qui a dit « C'est beau, un feu », un autre lui a répondu « C'est vrai qu'c'est beau un feu », une troisième a ajouté « On resterait des heures »... Là, les trois autres ont approuvé en disant « C'est clair, c'est clair... », et Laure a conclu : « Mon père dit toujours que le feu, c'est la télévision des pauvres ! »

Le feu est peut-être la télévision des pauvres, mais ce qui est sûr, c'est que la télévision est surtout le feu de camp des imbéciles.

JUIN 2001 (4)

C'est la dernière fois que je vous parle de Loft Story. J'ai déjà suffisamment dit ce que je pensais de Endemol, la bête immonde, et surtout des pauvres participants… Dès le début, en la voyant arriver avec ses semelles de vingt centimètres, on savait que Loana baiserait dans la piscine. On lui devinait des sorties de boîtes de nuit sur des banquettes arrière, des attentes derrière un téléphone… Pareil pour la pauvre Julie et son leitmotiv : « C'est clair ! » Comme pour se rassurer que ça le soit si peu, clair… Steevy, sûrement le plus fragile, dont la production espérait qu'il ferait son coming-out — le prix convenu de sa célébrité —, les a tous roulés dans la farine. David, le crétin aux petits yeux rapprochés, le Jim Carrey de Monoprix, dont on sait qu'il ne fera jamais de cinéma… Et enfin, Aziz au bon beur, pas le genre à mettre le feu à des voitures… Non, Aziz, il est intégré, c'est-à-dire qu'il rigole quand on le traite de sale Arabe. Et une fois l'éphémère instant de gloire passé, il retournera à ses petits boulots d'agent de sécurité qui fout dehors les mauvais beurs…

Vous l'avez compris, dans Loft Story, le beur c'est Aziz mais l'argent du beur c'est Arthur !

MASURE Bruno

NOVEMBRE 2000

Michel Drucker recevait hier le cuisinier Bernard Loiseau qui a déclaré : « Quand j'étais môme, au lieu des images de pin-up, j'avais collé au-dessus de mon lit la photo des frères Troisgros. » Moi je dis qu'un adolescent qui, le soir dans sa chambre, découvre le plaisir des pratiques solitaires en regardant la photo de trois cuisiniers affublés d'une toque blanche, il est mal parti sur le plan sexuel !…

Hier justement, sur le plan sexuel, il a été servi — si je puis dire — par Bruno Masure, qui a fait deux poèmes. Le premier s'est bien passé… Oh, rien de bien terrible, en voici des morceaux choisis. Ça s'appelle « L'oiseau rare » :

Chez Loiseau pas de zozos
Encore moins de mafiosos
Quand on en pince pour son art
On ne paye pas en dinars
Chaussez vos bottes de 7 lieues
Et courez donc à Saulieu

Là, Loiseau s'enthousiasme : « Ah, donnez-le-moi, je le veux ! Je vais le faire encadrer ! » Notre ami Bruno, encouragé, sort alors un deuxième poème qu'il avait initialement jugé un peu trop hard. Et, porté par l'exaltation, il lance : « J'en ai un autre ! Ça s'appelle : "Ravi au lit". » Manque de pot, au même moment, Drucker s'exclame : « Oh, voici la petite fille de Bernard Loiseau qui vient écouter le monsieur qui va faire une poésie !… » Bruno rougit, transpire, et finit par bredouiller : « Hum… Ben… C'est-à-dire que… je suis un peu embêté que votre fille soit là… » Et, bien emmerdé, il commence :

Loiseau, il a toujours envie de braiser
C'est son travers de porc

Consommer une julienne
Renverser une dinde sur la blanquette…

Là, la petite a fait « Ah, berk ! »… Masure : « Ah oui, elle est gentille… » Et Drucker, impitoyable : « Ne vous déconcentrez pas Bruno, continuez ! »

Hum…
Faire sauter une morue dessalée
Ou tremper son biscuit
Lui, si fier de sa queue de bœuf…

Dans le public, on a entendu nettement un « Ooohh ! »… On voyait bien que Loiseau non plus n'avait pas aimé la queue de bœuf. Les lèvres pincées, il faisait semblant de rire nerveusement, « Ah — ah — ah… » Et l'autre continue :

Pour lui tout est bon
Pourvu qu'elle soit palourde
Avec si possible une poitrine farcie
Et un joli curry
Saint-Nectaire et Saint-Honoré
Priez pour ce cœur d'artichaut…

Dans le public, on faisait respirer les sels à madame Loiseau, sa petite fille vomissait sur Drucker et le cuisinier, tétanisé, rêvait de brandir un crucifix devant Bruno…

MÉTÉO

MARS 1998

Le sinistre personnage qui sévit depuis trop longtemps à la télévision, « Monsieur t'inquiète pas ça l'fait ! » a encore frappé. Sous ce pseudonyme se cache un conseiller artistique. C'est lui qui a d'abord dit à Jean-François Kahn : « T'inquiète pas Jean-François, ta moustache ça le fait ! » Il a également dit à Aznavour : « Ton affiche sur laquelle tu ressembles à Arlette Laguiller, ça le fait ! » Puis à Michel Field : « La table de soixante-trois mètres de côté pour ton émission, ça le fait ! » Ce sinistre individu a encore frappé en dessinant le nouveau générique de la météo de France 2. Je vous explique : l'écran est divisé en deux verticalement. D'un côté il y a la terre qui tourne, pour rappeler le journal, de l'autre une sorte de soleil orange avec des espèces de pointes qui tremblent — et ça, c'est terrifiant, car c'est la copie conforme du virus HIV ! Pourtant, Sophie Davant avait eu un doute : « Euh... Tu crois pas que le soleil avec ses piquants orange, ça ressemble à un générique du Sidaction ? » Mais l'autre : « T'inquiète, Sophie, ça l'fait ! »

Sophie Davant était d'ailleurs particulièrement en forme hier soir. Elle a eu en ligne une téléspectatrice habitant près de Rambouillet, qui lui a expliqué qu'on pouvait voir des biches dans la forêt mais que si on trouvait un petit il ne fallait pas le ramener chez soi, car « un animal domestique que vous trouvez en forêt c'est pas comme un animal sauvage... » Sophie Davant a donc conclu avec ce précieux conseil : « Surtout, si vous trouvez une petite biche en forêt ce week-end, ne la ramenez pas chez vous ! » C'est vrai qu'on a tous trouvé des biches en forêt qu'on a eu envie de ramener dans son F3 ! C'est tellement courant qu'elle a eu raison de faire deux minutes là-dessus !...

Cela dit, Sophie a quand même parlé météo. Elle a eu notamment cette phrase magnifique : « Demain, prenez garde aux risques d'orages. » Un risque d'orage c'est terrible !... Moi un jour j'ai été pris sous un risque d'orage, j'en ai bavé... Heureusement que Sophie était en retard et qu'elle a été obligée de faire court, parce que sa phrase prévue à l'origine était : « Demain, faites attention à bien prendre garde de vous méfier d'être vigilants au sujet du péril des risques de danger de menaces éventuelles d'orages ! »...

MONTIEL Bernard

AVRIL 1998

J'ai la triste habitude de ricaner bêtement de Bernard Montiel. Ce qui est finalement assez injuste. Car dans « Une famille en or », les candidats sont largement à son niveau !

Tenez par exemple, rien que dans l'émission d'hier, ce fut un feu d'artifice. Tout d'abord, Bernard a demandé : « Que trouve-t-on dans une station de sports d'hiver ? » Une candidate a répondu : « Des skis nautiques », ce qui est d'une logique implacable. Ensuite, à la question : « Qu'évoquent pour vous Bonnie and Clyde », réponse d'un monsieur : « La danse classique ». Normal... Un peu plus tard, alors qu'on lui demandait de citer un personnage des *Misérables* de Victor Hugo, une dame a dit : « Le Père Fouettard ». Et pour finir en beauté, à la question : « Avec quoi peut-on garnir un avocat ? », une candidate très sûre d'elle a répondu : « Avec une robe ! »

MOOR Lova

DÉCEMBRE 2000

Je vais vous narrer un conte de Noël qui a eu lieu la semaine dernière dans l'émission de Marc-Olivier Fogiel « On ne peut pas plaire à tout le monde ». L'invitée était Lova Moor. Les choses avaient mal commencé. Juste après un sujet sur la prostitution sur Internet, l'animateur lance : « Et maintenant, après la prostitution, sans transition voici Lova Moor ! » Quand elle est entrée sur le plateau, franchement, on a eu un choc : elle s'est tellement fait gonfler la lèvre inférieure que j'ai cru que c'était le chef indien Raoni — celui qui avait fait une tournée avec Sting pour sauver la forêt amazonienne ! En plus, comme elle s'était cassé la cheville, elle est arrivée, vêtue d'un string, mais avec une jambe dans le plâtre et en s'appuyant sur une canne, ce qui diminuait sensiblement l'attirance sexuelle qu'on éprouvait pour elle. Par ailleurs, sur un strict plan vestimentaire, le string et le plâtre, ça ne va pas du tout ensemble. Elle avait beau prendre des poses et passer sa langue sur son bec de canard, la vision du plâtre et de la canne atténuait singulièrement la sensualité du personnage… Autant dire qu'on ricanait plutôt dans les chaumières devant cette pauvre fille pathétique…

Puis un reportage terrifiant nous la montra chez elle. La déco chez Lova Moor… Vous voyez comment elle s'habille, veste en Skaï à franges et string de satin blanc ? Eh bien chez elle, c'est décoré dans le même goût : coussins argentés, bibelots de cristal, tapis à longs poils blancs et petit caniche prénommé Roudoudou (Lova déclare « Je suis sidérée par son intelligence » — ça, que Lova Moor soit sidérée par un QI de caniche, ça n'est pas étonnant !).

La suite fut encore plus terrible. Impitoyable, Marc-Olivier Fogiel lui demanda son âge. Elle commit alors la terrible erreur de répondre avec aplomb : « Je suis encore loin de la cinquantaine. » Alors Fogiel sortit les coupures de presse, et lui lança d'un air ingénu : « Je ne comprends pas. En 1972, vous affirmiez avoir vingt-quatre ans, et en 1982 vous déclariez en avoir vingt-neuf. C'est-à-dire que vous vieillissez de cinq ans tous les dix ans ! » Là, on rigola encore un peu…

Plus très longtemps, car elle se mit à parler de son nouveau spectacle — pas au Crazy Horse avenue George-V, non, à Aubervilliers, dans la gargote que Jean-Luc Lahaye a ouvert dans la zone industrielle. On la vit répéter une pauvre revue avec trois girls ménopausées, réformées du Lido, aux bas résille troués… Là, on commençait à ne plus du tout avoir envie de rire.

Lova Moor expliqua enfin qu'à la mort de son Pygmalion, Alain Bernardin, elle avait dû apprendre à se démerder toute seule et à se battre. Soudain, on avait peur pour elle. Sur le plateau de Marc-Olivier Fogiel, elle était assise à côté d'Arlette Laguiller. Cette association surréaliste commençait à prendre tout son sens.

Alors pendant les fêtes, aventurez-vous à Aubervilliers la nuit. Allez voir une revue *cheap* menée par une fille courageuse ! Ce serait bien que le restau de Jean-Luc Lahaye soit plein tous les soirs, ce serait un très beau conte de Noël...

M6 MORNING

NOVEMBRE 2000

Ce matin j'allume instinctivement le poste et je tombe sur « M6 Morning », une émission faite pour former les jeunes téléspectateurs à la télé du matin. Comme ça après quand ils sont bien cons, ils peuvent regarder sur France 2 « Télématin » avec William Leymergie ! C'est un peu comme les joueurs de foot : deux ans de centre de formation pour bien apprendre à négocier les transferts et à doser la créatine, et hop, après ils peuvent jouer en pros !

Je tombe donc sur « M6 Morning » au moment où les téléspectateurs étaient invités à téléphoner pour jouer à compléter une chanson. Au téléphone, une candidate prénommée Ophélie devait terminer une chanson dont on donnait le début. Il faut reconnaître que c'était particulièrement difficile puisque le début de la phrase était : « Moi je t'offrirai... » Et on nous proposait trois réponses :

A) — Un blouson de cuir B) — Des perles de pluie
C) — Des places pour un concert de Iron Maiden !

Oui, c'est « Qui veut gagner des millions ? » version teenager ! Ophélie hésitait entre le blouson de cuir et les places pour le concert de Iron Maiden. Alors l'animateur lui a expliqué que c'était une chanson de Jacques Brel qui était mort à quarante-neuf ans, et que c'était pas étonnant vu qu'il était « distroyé ». J'ai entendu beaucoup de choses sur Jacques Brel, mais c'est la première fois qu'on le traitait de « distroyé » !...

NAVARRO

FÉVRIER 2000

J'ai une tendresse particulière pour Navarro. Au moment où les policiers des séries américaines à la mode sont de jeunes types à l'allure de surfeurs, notre héros à nous est un pied-noir quasi obèse de près de quatre-vingts piges !...

Dans l'épisode d'hier soir, un policier se suicide dans le commissariat. Il s'appelait Bernard Garel. On voit ses collègues atterrés, mâchoires serrées. Navarro va annoncer la mort de Garel à sa femme, Sophie Garel...

Là-dessus arrive au commissariat une Chinoise prénommée Ô-Lin, qui demande à voir Garel. Elle apprend qu'il est mort, on lit la panique sur son visage, et elle quitte précipitamment le commissariat. Dans la rue, on voit qu'elle est suivie par une Mercedes aux vitres fumées — ce qui ne sert à rien vu que celle du chauffeur est ouverte pour qu'on voit bien le conducteur, un Chinois à barbiche à l'air fourbe et énigmatique. Ensuite, j'ai un trou de quelques minutes, vu que je me suis souvenu brutalement qu'il restait du tarama dans le frigo…

Quand je suis revenu devant ma télé, la Chinoise dans son appartement tenait en joue le Chinois fourbe et énigmatique. Mais ce dernier, pas du tout impressionné, la regardait en ricanant : « L'arme te va bien, Ô-Lin, fais-moi penser à t'offrir un pistolet Hermès ! Allez détends-toi, je ne te veux pas de mal ! » Mais Ô-Lin se méfie. Elle sent qu'il y a de l'eau dans le gaz, Ô-Lin. Alors, pour la rassurer, le Chinois fourbe et énigmatique lui dit : « Tiens, il y a longtemps que je ne t'ai pas fait de cadeau, donne-moi ton revolver, je vais te faire poser une crosse en ivoire… » La Chinoise : « Aaah, t'es vachement sympa ! », et elle lui donne le revolver, cette andouille ! Évidemment, deux secondes après elle était morte !

Pendant ce temps-là, Navarro va chercher sa fille à l'école et la voit qui embrasse un garçon. Là, il prend conscience que sa fille a grandi sans qu'il s'en aperçoive. Un peu comme Brigitte Fossey dans les téléfilms de France 2 dans lesquels elle est mariée avec Patrick Chesnay et où ils ont des tas de problèmes existentiels mais où il y a toujours une scène dans laquelle ils s'aperçoivent que leur fille prend la pilule alors qu'ils pensaient qu'elle jouait encore à la poupée… Bref, Navarro et sa fille rentrent chez eux en voiture, et sont doublés par la Mercedes du Chinois fourbe et énigmatique, depuis laquelle des tueurs à gages les arrosent à la mitraillette. Donc, tout en conduisant, Navarro se jette sur sa fille pour la protéger, lui brisant trois côtes au passage et lui faisant éclater la rate…

Pendant ce temps, la voiture s'est arrêtée et elle a fait un créneau impeccable toute seule pour se garer. Navarro regarde sa fille et crie « Yolande ! » Oui, parce qu'elle s'appelle Yolande, sa fille, à Navarro. Les scénaristes ont trouvé que c'était joli et surtout que ça allait bien à une ado de quinze ans. Il s'écrie donc « Yolande ! » L'autre : « Papa ! » Et ils tombent dans les bras l'un de l'autre. C'est alors qu'on voit que Navarro est un grand flic. Car après réflexion, il dit à sa fille : « Je crois que quelqu'un veut me tuer... » Là, on est sciés. C'est vrai ça, quand une Mercedes aux vitres teintées vous double avec des Chinois qui vous arrosent à la kalachnikov, on ne pense pas immédiatement qu'ils peuvent vous vouloir du mal !...

Ensuite, Navarro va raconter à son chef qu'il s'est fait tirer dessus et que sa fille est choquée — en fait, elle était surtout choquée rapport aux trois côtes cassées et à la rate explosée. Son chef lui dit : « Si elle est choquée, tu devrais l'envoyer faire une psychanalyse. Moi j'en ai fait une, et je vais beaucoup mieux. Avant je mangeais mon fromage avant la salade, maintenant je le mange après... » Voilà un type qui a de hautes responsabilités dans la police, qui est le chef de Navarro, et qui suit une psychanalyse pour savoir dans quel ordre manger fromage et salade !

La scène suivante se passe « Chez Ginou », mais ce n'est plus notre copine Catherine Allégret, ils en ont pris une autre, austère, pas bien du tout. Navarro et ses copains s'attablent. La juste sèche vient prendre la commande. Et, tout à coup, les tueurs chinois entrent dans le restau et arrosent tout le monde à la mitraillette, avec un plan sur les bouteilles des étagères du bar qui explosent les unes après les autres... Tout vole en éclats, c'est un véritable carnage... suivi d'un silence de mort. On se dit : « Ah ! la vache, ils ont tué Navarro, tous ses copains et la juste sèche. » Eh bien non ! Un par un, tout le monde se relève, et là on voit Navarro qui hurle : « Borelli, nom de Dieu ! » Borelli, c'est un de ses adjoints qui reste allongé. Navarro se précipite sur lui, l'autre a un doigt éraflé qui saigne. Il dit « Ça va aller, commissaire... » Remarquez, j'étais pas franchement inquiet. Et là, Navarro a cette déduction qui prouve à nouveau qu'il est un grand policier : « Ça va, j'ai compris : ils m'en veulent... »

Finalement, après une ultime cascade, Navarro tue le Chinois — une cascade de Navarro, ça veut dire que Hanin a marché dix mètres un revolver à la main puis qu'il s'est caché rapidement derrière un pilier lorsqu'il a aperçu le Chinois fourbe et énigmatique.

Et en conclusion, pour détendre l'atmosphère, un adjoint du commissaire a cette phrase inoubliable : « Avec le rattachement de Hong Kong à la Chine, des millions de Jaunes vont venir bosser au black en France, et nous on va être marrons ! »

PANTEL Monique

JUIN 1997

Chaque matin depuis l'ouverture du Festival de Cannes, Canal + diffuse « Le journal de la nuit » cannoise.

On y voit les festivités, les soirées et les célébrités. La star d'hier n'était autre que… Monique Pantel, la responsable de la rubrique cinéma de *France-Soir*. Je ne résiste pas au plaisir de vous narrer les morceaux choisis de sa soirée de reine :

20 heures. Monique Pantel quitte sa chambre du Carlton avec cette phrase définitive : « Je laisse tout allumé, j'm'en fous c'est pas moi qui paye ! »

22 h 05. Hôtel Martinez, réception ICM. On lui refuse l'entrée, mais elle retrouve dans la foule une vague connaissance qui, elle, est admise. Monique la supplie : « Vous n'avez qu'à dire que je suis votre sœur ! » L'autre a quarante-cinq ans de moins que Monique, mais ça n'empêchera pas cette dernière, prise d'un accès de coquetterie, de rectifier : « Non, dites plutôt que je suis votre nièce ! »

0 h 30. Monique retrouve le moral car quelqu'un lui a fait croire qu'à la soirée du film *De l'autre côté de la mer*, Sylvester Stallone sera là en personne. Apercevant une serveuse qui sort d'une tente un plateau à la main, elle lui demande : « Est-ce que Stallone est à l'intérieur ? » L'autre, sans même un regard, répond : « Mais non, là c'est les cuisines ! »

Finalement Monique s'aperçoit qu'on s'est moqué d'elle : jamais Stallone ne mettra les pieds dans cette soirée minable. Pour se remettre de l'humiliation, elle s'approche du buffet, et en montrant un plat à tagine s'adresse au serveur : « Donnez-moi du couscous, là… » Méprisant, il lui répond d'un ton glacial : « C'est du taboulé, madame. » À cet instant, Monique Pantel ressemblait à ces petites filles qui sont au bord des larmes quand elles ont l'impression que personne ne les aime... À défaut de Stallone, Monique Pantel s'approche alors de Marthe Villalonga et lui demande : « Dites-moi que vous m'aimez, j'ai tellement besoin d'amour !... » Quelqu'un qui ose ça ne peut être complètement mauvais.

PERDU DE VUE

MARS 1996

En regardant « Perdu de vue », je me disais que les femmes qui viennent raconter la disparition de leurs maris, « probablement tombés aux mains de quelque mystérieuse organisation », étaient toujours de fausses blondes adipeuses et édentées en robe à fleurs. Elles viennent dire : « Je ne comprends pas les raisons de sa disparition. » Nous, si. Rien qu'en les voyant, on les a immédiatement comprises, les raisons. On imagine les courses le samedi à Auchan, les repassages en bigoudis le dimanche après-midi devant le patinage artistique, les médicaments pour la digestion et le Lexomil sur le haut du frigo, la robe de chambre en pilou imprimé avec les boutons recouverts de tissu, et surtout les lundis soir devant la télé à regarder Jacques Pradel. Alors non seulement on comprend les raisons, mais on se surprend même à espérer qu'il ne revienne jamais, le mari !...

Pareil pour les ados fugueurs. Rien qu'en voyant les parents filmés dans la salle à manger familiale, avec derrière eux accrochée au mur l'assiette en faïence avec le dicton sur les belles-mères, on comprend qu'ils aient envie d'autre chose... Même si c'est la galère... Comme pour ce gamin fugueur retrouvé hier par l'équipe de l'émission et qui a avoué qu'il s'était bien marré en passant trois semaines dans les gares avec Jean-Claude le SDF !

Hier soir, l'émission de Pradel ronronnait, quand soudain est arrivée Muguette. Elle recherchait son fils, qu'elle avait abandonné bébé, il y a une vingtaine d'années. Comme d'habitude, Pradel nous la joue suspense : « Est-ce que Jean-Marie Pertuis a retrouvé le fils de Muguette ?... » Pour être honnête, le suspense était quand même limité vu que la séquence s'appelle « Les retrouvailles ». Effectivement, Jean-Marie Pertuis se trouvait en compagnie du fils. Mais là, les choses ont commencé à mal tourner. D'abord le fils abandonné faisait ostensiblement la gueule, malgré la bonne humeur que Pradel tentait désespérément d'insuffler à ces retrouvailles. Et puis tout à coup, dans le champ des caméras apparaît le père, l'ex-mari de Muguette, donc. Il n'était pas prévu au programme des réjouissances, et révèle qu'il n'a jamais changé d'adresse depuis trente ans, que Muguette savait parfaitement où trouver son fils si elle l'avait cherché, et qu'elle n'est finalement qu'une grosse pouffe qui a juste envie de se montrer à la télévision ! Et il en rajoute une couche : « Toutes tes conneries c'est du pipeau, t'avais juste envie de passer chez Pradel ! » Ce dernier, vexé, tombe le masque et devient fou de rage qu'on lui ait cassé son coup... Il coupe brutalement la parole au briseur de rêves en l'accusant de salir inopinément des retrouvailles savamment répétées. Du coup, on a assisté en direct à un grand moment de télévision : les retrouvailles de Jacques Pradel avec sa vraie personnalité, celle qu'il faisait semblant d'avoir perdue de vue…

AVRIL 1996

Dans « Perdu de vue », pour Pradel, il ne suffit pas qu'il y ait disparition, encore faut-il que ce soit pour une raison sordide. Par exemple, quand il s'agit d'une gamine de quinze ans, il nous montre sa photo — si possible en maillot de bain — et envisage la possibilité d'un réseau de prostitution. Quand la fille est trop moche, il évoque une secte. Et quand il s'agit de cadres supérieurs, il suggère qu'ils ont été enlevés parce qu'ils en savaient trop (on ne sait pas sur quel sujet, mais ils en savaient trop…).

Hier soir, la réalité de « Perdu de vue » a dépassé la fiction. Ils ont retrouvé un cadre en informatique. Il était là, sur le plateau, tout penaud, à côté de sa bonne femme que ce retour n'a absolument pas décoincée. Il faut dire qu'en guise d'enlèvement, il s'est offert une semaine de vacances en Grèce avec l'argent de son compte épargne logement ! Alors pour le punir, Pradel nous a fait la lecture de son carnet de voyage sur des images de l'office du tourisme grec et avec une musique de fond folklorique. Ça donnait à peu près ça :

— 11 mars. Je découvre Pise… Que c'est beau ! Dommage que la tour soit penchée…

— 12 mars. Je me sens libre. N'ai pas rebouché mon tube de dentifrice…

— 13 mars. Ai pissé dans le lavabo à l'hôtel et j'emmerde l'autre andouille avec ses bigoudis, ses migraines, sa chemise de nuit en mousseline et ses infections vaginales...

— 14 mars. Ai rencontré deux filles sur le bateau. Ai découvert des positions nouvelles, notamment quand la fille s'assied sur moi à l'envers et qu'elle...

Et on imaginait qu'hier soir, il avait écrit :

— 4 avril. Dans ma suite du Sheraton avec vue sur la Riviera, payée avec mon Codevi, j'ai regardé « Perdu de vue » à la télé. Au moment où je versais du champagne dans le creux des reins de Sandy, j'ai vu apparaître ma bonne femme avec sa robe de chez Kiaby, qui disait en pleurnichant à Pradel : « Nous étions si heureux, pourquoi as-tu fui ce bonheur ? » Et là, Pradel a conclu d'un air énigmatique : « Peut-être n'est-il pas libre de ses mouvements ? » Non, t'as raison ma poule, je ne suis pas libre de mes mouvements : j'ai une coupe de champagne dans la main droite et un sein de Sandy dans l'autre.

PIVOT BERNARD

JANVIER 2000

J'ai regardé « La dictée » de Bernard Pivot. Une émission aussi rigolote qu'un dimanche après-midi d'automne chez Jacques Doillon. Comme personnalités, Pivot avait invité Raymond Devos, qui nous gratifia de son sketch trentenaire sur « J'ois l'oie, etc. », Hélène Carrère d'Encausse, Jean-Loup Dabadie et Danielle Thompson. Un casting rock and roll qui a dû passionner les mômes dans les cités. Danielle Thompson, à un moment, a laissé échapper sa joie d'avoir écrit correctement le mot « silicone ». Elle n'avait pas grand mérite, vu le nombre de fois où elle a lu ce mot sur les devis de son chirurgien...

Pour faire jeune malgré tout, Pivot coprésentait l'émission avec Florence Klein et avait mis la dictée sur Internet, ce qui lui permettait d'entrer en contact avec des correspondants à Milan, Melbourne, etc. Et Florence Klein de s'enthousiasmer : « Oh, regardez ! Nous sommes en direct avec Milan ! » Ça fait quand même cinquante ans qu'on voit des duplex à la télé... Sauf que là, au lieu d'avoir une image de studio, le correspondant était filmé par une webcam en noir et blanc et il bougeait comme Robocop ! Quand ça marchait, parce que pour l'Australie on n'a même pas eu l'image ! Ce qui n'a pas empêché Florence Klein de déclarer : « Oh, nous avons Melbourne en direct au téléphone ! Rendez-vous compte, il y a dix heures de décalage avec l'Australie ! »...

Ensuite vint le corrigé, et l'interminable remise des hideuses sculptures des « Dicos d'or » avec ses nombreuses catégories, les « Dicos d'or catégorie juniors scolarisés », etc. Pendant ce pensum, Hélène Carrère d'Encausse eut la malencontreuse idée de lancer un débat sur le fait que le mot « Kremlin » pouvait être mis au pluriel, car il peut y avoir plusieurs Kremlins... Heureusement, un événement réveilla l'assemblée : l'un des lauréats n'avait fait qu'une seule faute. Il fut donc applaudi poliment. Pivot expliqua alors que le candidat avait parfaitement orthographié les mots difficiles mais avait fait une faute idiote dans la phrase « Le Kremlin n'y aurait pas résisté », en mettant un s à la fin de « résisté ». Et là, le type s'est fait huer par le public ! Pivot, magnanime : « Ben non, ne le huez pas !… » — du genre « C'est un pauvre con d'accord, un s à "résisté", mais ne le huez pas !… » J'ai cru que Raymond Devos allait dire « J'ois les oies huer… », mais non, il dormait profondément !

PLEIN LES YEUX

SEPTEMBRE 2000

Samedi, TF1 a diffusé « Plein les yeux », une émission présentée par les jambes de Carole Rousseau. Je vous rappelle le principe : une caméra filme sous la table les jambes croisées très haut de l'animatrice, ce qui justifie le titre « Plein les yeux ». Et en alternance avec les jambes, on voit des accidents en tout genre. Cette émission joue sur notre côté voyeur, celui qui fait qu'on ralentit toujours lorsqu'on croise un accident… et qu'après on ne se sent pas très fier.

POLITIQUE À LA TÉLÉ

MARS 2000

Élevons le débat en abordant le thème récurrent de la venue des responsables politiques dans les émissions télévisées de divertissement. Thème d'actualité, puisqu'on a pu voir en moins d'une semaine Jack

Lang chez Drucker, Dominique Voynet sur La 5 dans « Arrêt sur images », et Édouard Balladur chez Thierry Ardisson. Oui, vous avez bien entendu : Balladur chez Ardisson, en compagnie de Kad et Olivier ! Mais ne vous inquiétez pas, Ardisson ne lui a pas posé sa question emblématique : « Dis-moi Édouard, à quel âge t'es-tu fait… ? » Non, la provocation a ses limites…

Il est à noter qu'en 2001, Ardisson, avec le courage des lâches qui le caractérise, demandera à Michel Rocard si « sucer, c'est tromper ? » C'est étrange, mais à Balladur il n'a pas osé la poser, cette question…

En voyant Balladur chez Ardisson, je pensais au jeune énarque chargé de gérer l'image de Balladur qui se dit : « Tiens, comme papy a une image bourbonnienne de vieux ringard réactionnaire et symbolise la bourgeoisie dans tout ce qu'elle a de plus figé, je vais l'envoyer chez Ardisson, ça va bouleverser son image ! » Tu parles ! Balladur chez Ardisson, c'est la même bouffonnerie que lorsqu'il avait pris le métro… Il y avait même là quelque chose d'obscène… Dominique Voynet, elle, est venue chez Daniel Schneiderman pour justifier ses erreurs de communication. C'est-à-dire qu'on ne parle plus de sa compétence en matière d'environnement, mais en matière de communication. Quant à Jack Lang, venu faire avec Drucker un concours de Réjé-Color, il en a profité pour répondre à Giscard au sujet des amitiés louches de Mitterrand. Un débat Lang-Giscard chez Drucker, ça a quelque chose d'humiliant pour la démocratie…

Giscard, chez Drucker, avait expliqué en prenant son air ému à la con, que lui n'aurait jamais reçu Bousquet, contrairement à Mitterrand. Qu'il suffisait d'aller à la Bibliothèque nationale pour savoir que Bousquet était un proche de la Gestapo, etc. Là, Bruno Masure, l'air de rien, lui dit : « Mais justement, vous qui êtes si rigoureux, comment se fait-il que vous ayez fait de Papon un ministre d'État ? » Giscard toussote puis répond : « Parce que je ne savais pas. » Et dans les yeux de Bruno on pouvait lire : « T'avais qu'à aller à la Bibliothèque nationale, Dugland ! »

Jean Paulhan disait : « Tout ce que je demande aux politiques, c'est de changer le monde sans changer la vérité. » Cette semaine à la télévision, Dominique Voynet, Jack Lang et Balladur, incapables de changer le monde, ont tenté de changer la vérité.

POUR LA VIE

MAI 1996

J'ai regardé hier soir l'émission « Pour la vie ». Je vous le dis tout de suite, l'émission fut décevante car Fabrice n'a pas pleuré, Valérie Pascale non plus. Valérie Pascale, c'est comme Annie Pujol — vous souvenez-vous d'Annie Pujol ? C'est elle qui tournait la roue de la fortune de Christian Morin et qui retournait les lettres qui s'allumaient lorsque le candidat trouvait un mot. Mais comme d'une part elle était nulle en orthographe, et que d'autre part elle souffrait de troubles visuels, elle mettait un temps infini avant de retourner la lettre. Ce qui explique ce sourire crispé qu'elle arborait en permanence, une moue indisposée, cette fille-là on aurait dit une pub pour Always. Valérie Pascale ressemble donc à Annie Pujol, mais en plus jeune, en plus mal habillée et avec les bas qui plissent. La règle de l'émission est simple : deux couples échangent le plus intime de leur amour contre une ménagère Guy Degrenne. Chaque époque a les Faust qu'elle mérite, et la Méphisto de cette fin de siècle s'appelle Pascale Breugnot. Mais dans l'émission il y a également un jury constitué de trois couples de personnalités. Comme Julie Pietri, Linda de Suza et Pierre Douglas n'étaient pas libres, ils avaient invité l'ancien chanteur footballeur Jean-Pierre François, Sylvie Joly et Laurent Petitguillaume.

L'émission fut, comme d'habitude, grotesque — quand l'un des futurs mariés a demandé la main de sa future à Mémé Raymonde —, vulgaire — quand les garçons devaient peindre la poitrine de cinq femmes —, pathétique — quand Fabrice déguisé en rocker nous a fait une chorégraphie cacochyme —, ignoble — dans la confrontation avec la famille qui ressemblait à une scène du film *Affreux, sales et méchants* —, pitoyable quand une des candidates a demandé à son fiancé de ne plus lui faire l'amour tous les soirs —, et indigne — quand ils ont fait chanter l'enfant d'un des couples pour faire pleurer tout le monde.

J'imagine que Le Lay et Mougeotte ont dû passer une excellente soirée, mais je trouve que les ménagères Guy Degrenne sont hors de prix cette année.

AVRIL 1997

Valérie Pascale ne nous déçoit jamais, notamment dans la nouvelle formule de l'émission « Pour la vie » avec Fabrice. Il faut savoir que dans le langage TF1, « nouvelle formule » signifie qu'on tente un dernier truc avant de supprimer l'émission.

La nouvelle formule de « Pour la vie », c'est de la rigolade, du cul, et le public qui téléphone en direct.

Vous imaginez que le mot « direct » induit une lueur d'inquiétude dans l'œil de Valérie Pascale. C'est d'ailleurs la seule lueur qu'on peut y voir... Elle avait raison hier d'être inquiète, puisqu'en annonçant l'entrée en scène du premier couple, Micheline et André, elle a tendu le bras façon assistante de prestidigitateur vers le côté cour du plateau... c'est Jocelyne et Bernard qui sont entrés côté jardin ! Et Fabrice, bon camarade, s'est mis à l'engueuler en direct.

C'est étrange. Quand on pense qu'elle s'appelle Pascal, comme l'auteur des *Pensées*, elle qui n'en a jamais eu une seule ! À mon avis, elle ne descend pas de la branche Blaise Pascal, mais de Jean-Claude Pascal — même si à TF1, on la surnomme plutôt « Baise Pascale ».

PRISE DIRECTE

DÉCEMBRE 1999

« Prise directe », la nouvelle émission de Michel Field sur France 3, est pompée sur « Droit de réponse ». Sauf que

Polac, lui, connaissait ses dossiers. Et comme ça se passe en direct dans un café, les intervenants s'engueulent en échangeant des lieux communs… L'autre fois à Toulouse, Michel Field avait mis face à face des chasseurs et des randonneurs. Évidemment, chacun a balancé ses arguments en restant sur ses positions. Bref une émission sans intérêt, sauf qu'à la fin, Michel Field est allé demander une conclusion à deux Hare Krishna — des vrais, avec le sari safran et la crotte de pigeon sur le front —, dont on se demande bien ce qu'ils foutaient dans ce bistrot de Toulouse. En plus, le chef ne parlait pas français, donc l'autre traduisait : ça a pris un temps fou pour que le Hare Krishna finisse par dire : « Chasseurs trop passionnés. Randonneurs trop passionnés. Passion pas bonne. » Passion pas bonne peut-être, mais émission pas bonne, ça c'est sûr !

PUBLICITÉS TÉLÉVISÉES

MAI 1998

J'ai vu hier une nouvelle publicité de la saga Jacques Balutin, dans laquelle ce dernier vole le tricycle de son petit-fils et se met à tourner en rond dans son salon comme un malade, en faisant l'éloge de sa colle à dentier. Sans commentaire…

FÉVRIER 2000

Dans une publicité, une fille regarde à sa fenêtre par laquelle elle voit un vieux monsieur qui, à l'aide d'une pompe, tente de regonfler le pneu de son vélo. On le comprend plus tard, il y a une symbolique entre le bruit dans la chambre à air et les ballonnements dus à des troubles gastro-intestinaux du monsieur qui s'avère être son père. La fille à l'intérieur de la maison regarde donc son père par la fenêtre et déclare : « Vous voyez, ça c'est mon père, et avant c'était toute une histoire quand il avait la diarrhée… jusqu'au jour où je lui ai parlé d'Immosel Duo. »

Là, on entend la voix off du spécialiste rigoureux, qui coupe la parole à la fille (du genre « Laisse parler le médecin, connasse ») et déclare : « Immosel Duo est un nouveau médicament qui stoppe immédiatement la diarrhée et soulage les ballonnements, les douleurs spasmodiques et les flatulences qui accompagnent souvent la diarrhée. Duo, parce que double action. »

Et la fille conclut : « Avec Immosel Duo, mon père et la diarrhée, ce n'est plus un problème. » La grande classe…

Vous vous souvenez sans doute du sketch de Coluche sur les pubs jumelées avec les dragées Fuca puis Javel La Croix qui nettoie tout… Hier, juste après Immosel Duo, on a eu droit à « Duo de mousses Nestlé ». Duo chocolat noir-chocolat blanc : l'alliance d'un duo de mousses de chocolat légères et onctueuses. Il y a des jours comme ça où la réalité publicitaire dépasse la fiction !

FÉVRIER 2001

Quand la publicité tue nos rêves d'adolescents… J'ai vu hier une pub qui a détruit des années de fantasmes. Il s'agit de Bernadette Lafont, celle qui a fait rêver toute une génération, le symbole de la femme sensuelle, sauvage, rebelle et insoumise. Eh bien là, j'aime autant vous dire que le mythe s'écroule. La pub démarre mal puisqu'on la voit tenir par la main ses petits-enfants. Bernadette Lafont qui se fait appeler « Mémé », c'est déjà moyen. Mais bon, elle les emmène à la fête foraine et on se dit grand-mère peut-être, mais grand-mère rock and roll ! Seulement voilà, juste au moment où elle s'installe dans le grand huit, elle nous crucifie en disant : « Même la tête en bas, mon appareil dentaire tient en toute sécurité grâce à mon adhésif à dentier Polident ! » Et elle montre à la caméra le tube de colle à dentier ! Bernadette Lafont ! Vous vous rendez compte ! Ils ont diffusé cette pub juste avant « Tena » de Libra !... En voyant ça, je me disais que nous vivons quand même des temps bien tristes, où la nouvelle vague n'est plus qu'une incontinence urinaire...

AVRIL 2001

Je viens de voir à la télé une publicité pour le café de Joël Robuchon. Je pense que, comme Jacques Vabre, c'est Robuchon lui-même qui est allé à Bogota choisir le café. Et les autres se sont foutus de sa gueule : « Tiens, goûtez celle-là señor Robousso ! » Lui il disait : « C'est rigolo, ça ressemble à de l'herbe, le café pas torréfié... » Et les autres : « Si si, señor Robousso, vas-y, goûte encore !... »

Si je pense ça, c'est que dans sa pub, ils lui ont collé des lentilles de contact vertes. Mais un vert... laser ! Ça lui donne un regard d'halluciné ! On dirait qu'il joue dans *L'Exorciste* ! Moi j'ai eu peur qu'au milieu de l'éloge de son café, il se mette soudain à prendre une voix très grave pour dire : « Ta mère suce des bites en enfer ! »

QUESTIONS AU GOUVERNEMENT

MAI 2001

Pour ceux qui l'ignoreraient, les « Questions au gouvernement » à l'Assemblée nationale ont lieu le mardi et le mercredi de 15 à 16 heures. Je vous explique comment ça se passe : à 15 heures, les députés arrivent en rotant et se saluent en essayant de bien se mettre dans le champ des caméras. Puis ils s'installent à leurs pupitres, lisent *Le Monde* et *Le Canard enchaîné*, font leur courrier puis appellent des huissiers à qui ils remettent sans un regard des enveloppes dont ils font croire qu'elles contiennent les secrets de la République alors qu'il s'agit d'un mot à leur attachée parlementaire — du style : « Nicole, appelez ma femme pour dire que j'ai une séance de nuit et mettez ce délicieux porte-jarretelles que je vous ai offert lors de cet inoubliable voyage d'études à Djakarta. Je pose une question sur les montants compensatoires et hop, à 16 heures on se retrouve où tu sais, oh toi, toi ! Ton corps, ton sexe !… »

Puis, leur tour vient. Le président annonce par exemple : « La parole est à Monsieur Berton Maillard, pour le groupe UDF. Monsieur Berton Maillard, je vous demande de poser une question courte car votre groupe a pratiquement utilisé son temps de parole. » Berton Maillard tapote dans le micro pour voir s'il marche comme il a vu faire les rock stars à Bercy, puis fayote un coup : « Merci monsieur le Président, je serai bref... » On commence à douter, vu qu'il a trois feuillets dans la main... Et on s'aperçoit que la question n'a aucune importance. Non, ce qui est important c'est tout le discours politique qui la précède. Généralement, il termine en demandant au Premier ministre ce qu'il compte faire pour rattraper le retard qu'est en train de prendre la France... Ses copains l'applaudissent en hochant la tête et ses ennemis politiques le huent et ricanent...

Alors le ministre répond. Lui, il salue tout le monde, monsieur le Président, mesdames et messieurs les députés, monsieur le député... Ça n'en finit pas... Enfin, il répond : « Puisque vous voulez parler chiffres, monsieur Berton Maillard, je rappelle qu'à l'époque où vous et vos amis étiez au gouvernement, le retard pris par le pays était deux fois plus important qu'aujourd'hui !... » Là-dessus l'opposition hurle, la majorité applaudit, Raymond Barre dort, Jean-Louis Debré est hilare, Léotard fait non de la tête, Devedjian vocifère en pointant du doigt, Juppé a un petit sourire énigmatique et Santini sort une blague pour noces et banquets, tellement rougeaud qu'on dirait un tonton de mariage avec son cigare et ses plaisanteries vaseuses...

C'est généralement à ce moment précis qu'arrive Dominique Voynet. On voit bien qu'elle revient du restau car elle aussi rote discrètement en expirant à chaque fois qu'elle salue quelqu'un... Elle dérange tout le monde pour aller s'asseoir au banc des ministres. Elle est toute rouge, parce qu'elle est congestionnée à cause du château-margaux. Elle n'est même plus rouge, elle est carrément violette !... C'est-à-dire qu'avec ses cheveux jaunes aux racines noires, ses joues pourpres et son tailleur vert, ça permet de bien régler les couleurs de la télé !... Elle s'assied, étouffe un dernier rot discret en pensant « Tiens, j'aurais pas dû prendre les écrevisses à la nage... », puis elle se met à lire son courrier.

Le jeudi c'est la même chose, mais au Sénat. Au départ, j'avoue que je craignais le pire. Le cadreur a commencé par filmer l'ensemble des sénateurs dans un long plan panoramique, et franchement j'étais glacé d'effroi !... Ça ressemblait aux publicités qui passent sur France 2 l'après-midi, juste avant « Des chiffres et des lettres ». En un seul plan on avait tout, la colle à dentier Polident, les couches Confiance, et même la convention obsèques de Norwich Union !...

Pour vous donner une idée de l'ambiance léthargique du Sénat... Vous avez sans doute vu les fameuses images de Raymond Barre assoupi à l'Assemblée nationale, eh bien à côté de l'image des sénateurs, Raymond Barre ressemble à une publicité pour Nike ! D'ailleurs il paraît que lorsque Raymond Barre se rend au Sénat, il a l'air tellement dynamique que les sénateurs le surnomment Speedy Gonzales !...

Remarquez, les choses sont en train de changer au Sénat. L'autre jour, certains sénateurs avaient même desserré le nœud de leur cravate... Desserrer un nœud de cravate pour un sénateur, c'est d'une audace folle. Un peu comme s'il hurlait « Fuck you » ! Eh bien ça a été encore pis : un sénateur a fait un jeu de mots ! Je vous explique : en raison de la toxicité d'un produit de traitement du colza, le nombre des abeilles est en diminution. Et on a nettement entendu un sénateur dire : « Moi, la diminution des abeilles ça me donne le bourdon ! » Tout le Sénat était plié de rire, sauf ceux qui avaient des problèmes de Sonotone (on ne sait pas si c'est la pile, ça faisait comme un effet Larsen...).

QUI VEUT GAGNER DES MILLIONS ?

FÉVRIER 2001

Samedi soir j'ai regardé « Qui veut gagner des millions ? » Le candidat dont on va rigoler toute la semaine au boulot se prénomme Jean-Charles. Foucault lui a posé cette question : « Où vivait Diogène ? » A) Dans un tonneau B) Dans les arbres C) Dans une grotte D) Dans un bateau.

Jean-Charles, dès le début, il avait compris Diomède, l'ailier gauche de l'AJ Auxerre... On voyait bien qu'il se disait « Ah bon ? Diomède le footballeur vit dans les arbres ou dans une grotte ? » Perturbé, il annonce qu'il prend son dernier joker, téléphone à son amie Sarah et lui demande : « Où vivait le philosophe Diomède ? » Sarah : « Quoi ? » Foucault le reprend. Le candidat :

« Ah oui… Diogène. » Là évidemment, ça devenait plus clair pour Sarah qui a répondu : « Dans une grotte ! »

Plus tard, Foucault — qu'on sent souvent exaspéré quand les candidats sont trop nuls — accueille un chef d'entreprise. Il avait son insupportable ton obséquieux, on aurait cru Louis de Funès dans *Le Grand Restaurant.* Et très vite, le prestige du patron en a pris un sérieux coup, car à la question : « Les deux amoureux de *Belle et le clochard* mangent en tête à tête des… ? », le type sans hésiter a répondu : A) Des pizzas !

AVRIL 2001

Samedi, à « Qui veut gagner des millions ? », Florence, de Toulouse, est tombée sur une question vachement difficile. Écoutez plutôt : Quelle couleur peut être souris ou anthracite ? A) Le gris B) Le blanc C) Le marron ou D) Le vert.

Florence ne savait pas, ce qui est bien normal. Mais sa réflexion fut intéressante. Elle décréta d'entrée « Le gris, c'est pas ça. » Blanc souris et marron souris non plus. Et là, il ne restait donc que le vert. Le vert souris, elle le sentait bien. Dans son cerveau, un neurone lui disait : « Hé, tu te rappelles quand t'étais petite, à la maternelle, la chanson *Une souris verte* ? » Eh oui, elle s'en rappelait et à cet instant, elle revoyait la cour de l'école avec le tracé de la marelle à la craie sous le préau… Et puis le petit chemin des noisetiers qu'elle prenait à quatre heures pour aller à la maison de sa grand-mère avec une vigne vierge… Et cette cour où elle jouait avec le chien Kikinou qui abîmait les tomates de Mamy et à qui elle chantait *Une souris verte…*

Donc elle allait répondre : D) Le vert souris… Lorsque Foucault, voyant venir la catastrophe, lui dit : « Attention, il n'y a pas que souris ! Pensez à anthracite ! Est-ce qu'on dit « vert anthracite » ?… Mais comme elle ne savait pas ce qu'était l'anthracite, elle a pris un joker.

Plus tard, un autre candidat devait donner l'orthographe exacte du mot « dithyrambique ». Comme il était nul mais honnête, le candidat s'exclame : « Ah ben moi, chai même pas c'que ça veut dire, ditiquerambire ! Donc je vais prendre un joker, j'vais appeler un ami ! » Coup de bol, son ami est prof de français et lui donne la bonne réponse. Foucault conclut : « Bravo, vous avez gagné 80 000 francs ! Je rappelle que dithyrambique signifie… »… et là, il s'aperçoit que sur son écran il a la bonne réponse, mais pas la signification du mot dithyrambique, qui signifie je le rappelle « élogieux à l'excès ». Pour vous donner un exemple, on peut dire que dans mes chroniques je suis souvent dithyrambique à l'égard de Jean-Pierre Foucault. Ben oui, quand je dis qu'il est vulgaire et qu'il fait des émissions de merde, je suis élogieux à l'excès. Car la vérité est largement en dessous de ça !

Il s'aperçoit donc qu'il n'a pas la signification du mot dithyrambique alors qu'il avait commencé la phrase « dithyrambique signifie comme chacun sait… » Alors il improvise, il dit au candidat : « Vous voyez, votre ami qui a donné la bonne réponse… eh bien, il est dithyrambique !… » Le candidat : « Ah bon ? D'accord ! » Vous imaginez… Le type va rentrer chez lui : « Tiens salut, j'ai appris un nouveau mot, "dithyrambique", ça veut dire "qui donne la bonne réponse". » Ses potes vont se foutre de sa gueule, et lui va dire « Mais c'est Jean-Pierre Foucault qui me l'a appris ! », et les autres « Mais oui, mais oui c'est ça... et nous on est les Beatles !... »

Une dernière chose sur l'émission de samedi. J'aime à ironiser sur l'obséquiosité de Foucault qui remercie l'ordinateur... Eh bien samedi, il a fait encore mieux. Il a dit : « S'il vous plaît ordinateur, s'il vous plaît... » Oui, il a répété ! Parce qu'il avait peur que l'ordinateur n'ait pas entendu la première fois à quel point il était bien élevé !

JUIN 2001

Voici une question posée dans l'émission « Qui veut gagner des millions ? » : Si vous ne possédez pas d'antenne vous pouvez recevoir la télévision par... A) Signaux de fumée B) Courrier recommandé C) Télescope D) Câble. Sans commentaire...

La grande nouveauté c'est qu'on joue dorénavant en couple, ce qui nous en apprend beaucoup plus que tous les débats télévisés sur le mariage. Samedi, il y a eu d'abord Bernard et Odile. Bernard répondait, Odile opinait, elle était timide et soumise, elle faisait oui de la tête. C'était Bernard le chef, Odile on voyait qu'elle n'avait pas l'habitude de branler du chef... Arrive une question de cinéma : « Dans quel film Harrison Ford ne joue-t-il pas ? » Là, Bernard d'un air méprisant : « Ah, le cinéma c'est toi ! » Et soudain Odile, heureuse, investie d'une mission, répond sans hésiter : « Dans *Apocalypse Now* ! » Le mari : « Tu es sûre ? Parce que moi le cinéma... » — sous-entendu « faut être une feignasse comme toi pour avoir le temps de s'intéresser à des conneries comme le ciné ». Odile : « Oui oui, je suis sûre que Harrison Ford ne joue pas dans *Apocalypse Now.* » C'était la question à un million. Depuis dix ans Odile la fermait et là, c'est elle qui allait leur faire gagner un million. Pourtant Bernard est incrédule : « T'es sûre de ton coup, hein ? » Odile : « Oui oui, à 99 %... » Et Bernard, presque à contrecœur : « Bon, ben j'vais lui faire confiance. » Foucault : « C'est votre dernier mot ? » Odile : « J'essaie de revoir le film... » Bernard : « Oui, mais tu vas pas le revoir en entier ! » Odile : « Non, non, mais chui sûre... *Apocalypse Now* ! » C'était *Tequila Sunrise.* Dans les yeux du mari, on a senti qu'elle se préparait des jours difficiles... Quant à Foucault, il en a rajouté une dernière couche : « Aaaah ! Quel dommage Odile ! C'était la question à un million de francs ! » Et elle a quitté le plateau en marchant comme Robocop !

DES RACINES ET DES AILES

AVRIL 2000

En Italie, un tremblement de terre a détruit un couvent de sœurs clarisses. Les clarisses, ce sont des religieuses de l'ordre de Sainte-Claire d'Assise, qui a été canonisée car elle avait beaucoup soulagé saint François d'Assise. Les clarisses sont des religieuses qui vivent cloîtrées et ont fait vœu de silence et de chasteté. Suite au tremblement de terre, leur couvent a été en grande partie détruit. Alors depuis deux ans, elles doivent vivre au milieu des gars du bâtiment, de beaux Italiens aux muscles saillants et aux T-shirts collés par la sueur de l'effort... Mettez-vous à la place de la clarisse. Vous avez derrière vous une vie de recluse, chaste et silencieuse, et vous voyez passer un jeune ouvrier tenant une énorme poutre... Forcément, ça perturbe !

On interviewait une clarisse. En regardant passer un charpentier qui ressemblait au livreur de Coca Light dans la pub où les secrétaires rangent discrètement les photos de leur mari dans le tiroir (là, on devinait qu'au passage des ouvriers, les bonnes sœurs cachaient les crucifix dans les tiroirs), au passage donc de ce beau charpentier dont la transpiration huilait les muscles, la clarisse a eu cette phrase magnifique : « Ouch... Je crois que c'est Dieu qui nous met à l'épreuve ! »

REPORTAGES

MAI 1998

Comme l'actualité de la semaine avait été particulièrement dense, avec la paix en Irlande, les affrontements en Palestine, l'éclatement de la droite, je me suis dit « Tiens, je vais regarder "Reportages", le magazine d'information de TF1, ça va sûrement être intéressant. » Effectivement, avec la rigueur qui les caractérise, les journalistes de cette chaîne avaient décidé de coller à l'actualité essentielle et de nous parler... des chasseurs de fantômes aux États-Unis !

Dans une boîte de nuit de Chicago, « l'Excalibur », des clients terrorisés prétendent avoir aperçu un soir un fantôme au visage blafard et aux yeux cernés de noir. Après enquête, il s'agirait d'un malentendu : en fait c'était Jeanne Mas, de passage à Chicago, qui s'est dit « Tiens, ce soir je vais aller me dégourdir les jambes ! » Non, là je plaisante. Les témoignages des clients de cette boîte de nuit étaient vraiment impressionnants. Par exemple, l'un d'entre eux a déclaré : « J'ai pas vraiment vu le fantôme, mais la première fois où je suis venu dans ce club il s'est passé une chose incroyable : dès que je suis entré, les lumières se sont éteintes puis se sont rallumées… ». C'est vrai que des lumières qui s'éteignent puis se rallument dans une discothèque, c'est indiscutablement un phénomène paranormal !…

ROLAND-GARROS

JUIN 1997

Est-ce la victoire annoncée de la gauche aux législatives qui nous a rendu un Bruno Masure en pleine forme ? Ou bien était-il inspiré par le tournoi de Roland-Garros ? Toujours est-il que vendredi soir, après la défaite surprise de Muster face au jeune Brésilien Kuerten, notre ami Bruno n'a pas hésité à dire : « Muster aurait dû se méfier d'un Brésilien si près du bois de Boulogne. »

Il faut croire que Roland-Garros est propice à l'humour, puisque hier nous avons assisté à un double événement. D'abord, Jean-Paul Loth a fait un jeu de mots.

Ça déjà, c'est sidérant. Mais en plus, Pierre Sled l'a compris et a ri très fort pour le prouver. Il y a des jours comme ça où l'on va de surprise en surprise...

Jean-Paul Loth parlait du joueur chilien Rios — celui qui ressemble à un tueur d'un film de Tarantino et qui joue avec les mêmes étranges socquettes en Nylon noir que Chirac en vacances à Brégançon. Ce Rios ayant la réputation d'être peu intelligent et surtout très agressif, Jean-Paul Loth n'a pas hésité à dire : « Rios, c'est un Chilien con carne. » La blague a tellement plu à Pierre Sled qu'il l'a racontée le soir même à Sophie Davant en disant : « Tu sais comment on le surnomme, le joueur de tennis Rios ? » Sophie Davant : « Non, j'vois pas. » Pierre Sled : « On le surnomme lasagnes à la bolognaise ! » L'autre a un peu ri par politesse, puis elle a dit : « Bon, écoute Pierre, c'est pas tout ça mais j'ai du boulot, il faut que je prépare mon clin d'œil pour la météo, ce soir on a prévu de montrer un poulain gambadant dans un pré, c'est très émouvant... »

Un autre grand moment d'humour à Roland-Garros nous a été offert par l'ineffable Nelson Monfort. Se plaignant sans cesse des difficultés qu'il rencontrait pour interviewer les stars du tennis, il est allé les attendre à l'entrée du stade, là où arrivent les limousines amenant les joueurs. Et soudain il annonce : « Ah ! Voici une limousine, je pense que nous allons avoir droit à l'arrivée d'une star en direct ! » La voiture ralentit puis, en voyant Nelson, réaccélère brusquement et disparaît !... Et Nelson Monfort, gêné : « Euh... C'était sûrement une star mais je n'ai pas bien vu qui, à cause des vitres teintées... »

RUGBY

JUIN 2001

J'ai regardé la finale du championnat de France de rugby, diffusée à la fois sur France 2 et sur Canal. Habituellement je ne m'intéresse pas au rugby mais là, comme le match opposait Toulouse à Montferrand, j'ai regardé. Pour une raison assez niaise : Bruno Masure m'avait dit : « Regarde le match, un des joueurs s'appelle Labit, c'est rigolo. » Oui, voilà ce que dit Bruno Masure… Que l'ancien présentateur du 20 heures ait de tels amusements laisse rêveur sur l'état du pays…

Cela dit, je n'ai pas été déçu. Car en zappant de France 2 sur Canal, ce fut un florilège d'éloges à Labit. Dès la vingtième minute, Pierre Salviac, enthousiaste, s'exclama : « Labit s'enfonce… Oh là là ! c'est bon, Labit va aller au bout !… » Quelques minutes plus tard : « Mêlée ouverte, Labit tente de s'enfoncer petit côté !… » À la mi-temps, on eut droit à : « Labit va pouvoir récupérer, car Labit est au bout du rouleau !… » Il a dû récupérer, car en deuxième mi-temps nous avons eu droit successivement à : « Une touche de Labit », « Une très belle extension de Labit » et « Labit n'a pas pu aller à l'essai car Labit a été plaqué !… »

Mais le meilleur restait à venir. Toulouse ayant gagné, les vainqueurs ont eu droit à la poignée de main du président et à la bise de la ministre, Marie-George Buffet. Madame Buffet qui a donc embrassé Labit. Et on sentait dans cette étreinte qu'elle l'appréciait. Ça, y a pas à dire, Marie-George Buffet aime Labit !

SAGAS

ÉTÉ 2001

Dès que les vacances arrivent, « Sagas » est de retour. Pour ceux qui ne connaîtraient pas cette émission, rappelons que « Sagas » est le magazine des feignasses richissimes toutes fières de montrer à Stéphane Bern à quel point elles ont un goût de chiottes.

Mais me direz-vous, quelle est la différence entre « Sagas » et « Célébrités » ? C'est simple : dans « Célébrités », Stéphane Bern coprésentait avec Valérie Bénaïm, alors que dans « Sagas » il coprésente avec un bateau. Or comme le long des coursives il y a un grand miroir, on peut dire que le bateau, lui, réfléchit…

« Sagas » est donc le magazine des gens riches mais cons et de mauvais goût. Est-ce qu'on peut imaginer un type riche et intelligent appeler la télé en disant « Bonjour, j'aimerais que Stéphane Bern vienne filmer chez moi » ? « Sagas », c'est le Loft des riches…

Je me souviens d'une émission dont l'un des invités était Orlando, le frère de Dalida. Pour vous donner une idée, à côté d'Orlando, Zaza Napoli de *La cage aux folles* ressemble à une veuve de pasteur luthérien dans un film d'Ingmar Bergman. Orlando est producteur de disques. Il a souligné à quel point il était exigeant dans le choix de ses poulains, expliquant que pour lui n'existait qu'un seul critère, la « qualité ». Je vais donc vous rappeler la liste des artistes produits par Orlando : Les Vagabonds, Indra, Hélène Ségara et Daniel Ducruet !

C'est vous dire à quel point notre ami Orlando est exigeant dans le domaine de la qualité !...

Ensuite, il nous a fait visiter sa maison. Quand on voit comment il a décoré son intérieur, on comprend mieux ses goûts musicaux. Comme disait Confucius, « Celui qui a des goûts de chiottes aime la musique de merde »... Dans sa salle à manger, Orlando a installé des chaises Louis XVI, une table Empire, un buffet Renaissance espagnole sur lequel trône un bouddha, des portraits de Dalida de style Poulbot et des coussins de satin de toutes les couleurs...

D'ailleurs le coussin de satin, c'est le point commun de tous les invités de « Sagas ». Ils ont tous des tas de coussins très laids empilés sur des canapés de Skaï, à côté desquels trône une panthère en porcelaine !...

En parlant de panthère, la palme du mauvais goût revient sans conteste à Liliane Montevecchi. Chez elle, tout est en panthère : les murs, les canapés, les coussins... et elle-même s'habille en panthère, ce qui fait qu'on dirait Thierry Lhermitte dans *Le Père Noël est une ordure* avec son costume en prince-de-galles quand il s'allonge sur le canapé du même tissu !...

On a eu droit aussi à Lova Moor, filmée dans un deux étoiles en Grèce. « C'est plus tranquille qu'à Saint-Tropez », nous a-t-elle dit. C'est surtout le seul hôtel qui ait accepté de la loger gratuitement en contrepartie de son spectacle pathétique qui ressemble au Crazy Horse mais avec deux danseuses de soixante piges aux collants déchirés et deux danseurs aux airs de voyous !

À un moment, on voit Lova Moor se promener dans le village. La voix off du commentateur nous précise qu'elle ne peut se déplacer sans être harcelée par ses admirateurs. Mais on s'aperçoit que les admirateurs en question ce sont ses danseurs et ses danseuses, déguisés en Grecs, qui font semblant de lui demander des autographes !...

Vous l'avez compris, « Sagas », c'est l'émission des faux riches et des demi-vieilles, du mauvais goût et de la vulgarité, bref de la télé d'aujourd'hui.

SANTÉ VIE

AVRIL 2000

C'est la grande nouvelle de la semaine : on a retrouvé Jacques Pradel ! Vous vous en souvenez, on l'avait laissé avec autant de casseroles aux fesses qu'un VRP de chez Tefal : l'affaire Roswell, les révélations bidons sur l'affaire de Carpentras, la mamie disparue, prétendument séquestrée par un prêtre italien et qui avait en fait été victime d'un banal accident de voiture... Pradel s'était fait oublier, il avait juste fait une pub irrésistible dans laquelle il sautait sur un lit en criant « Angélique ! »... et le revoilà aujourd'hui à la santé. Pas à la prison, à la nouvelle chaîne « Santé ». Une nouvelle chaîne, c'est beaucoup dire, vu qu'ils doivent être quatorze en tout, y compris les techniciens, et que l'essentiel des émissions se déroule autour d'une table avec Jacques Pradel, la pédiatre Edwige Antier —

qui ne l'est plus tout à fait, entière —, et des invités. C'est donc de la radio, sauf qu'on voit Pradel et la pédiatre !

J'ai regardé. Ça a commencé par le courrier des téléspectateurs concernant l'allaitement. Une question authentique, posée par un certain Thierry B. : « Jusqu'à quel âge peut-on téter ? » La réponse a dû le ravir : le docteur Edwige Antier a affirmé que c'est comme on veut, et qu'il n'est pas interdit à la maman de se laisser téter même très tard, les enfants adorant les « tétées-câlins »...

Ensuite, le grand sujet de la matinée : « Les enfants précoces ». Sur le plateau, une petite fille de huit ans, Hélonie, vraiment précoce puisqu'elle était déjà exaspérée par Pradel. Edwige Antier commence : « Les enfants précoces ont une intelligence mathématique. » La petite fille de huit ans l'interrompt : « Mais pas du tout, j'ai une intelligence plutôt analytique. » Edwige, voulant sauver le coup : « Euh... Oui, c'est ça, tu analyses tout ! » La petite, excédée : « Mais non, pas du tout, je n'analyse pas chaque mot en disant pronom relatif, nom commun, adjectif etc. » Edwige était au bord du malaise. Mais elle se ressaisit : « Ce que je veux dire, c'est que c'est une intelligence que nous testons par les tests... » Là, la petite Hélonie la coupe impitoyablement et minaude : « Que nous testons par les tests, je trouve que la phrase est un peu répétitive !... » À ce moment précis, Pradel devient fou et se met quasiment à hurler : « Bon écoute, je ne suis pas ton professeur, je ne veux pas te mettre au coin, mais on fait une émission de télévision, on a encore des sujets à passer, alors il faut nous laisser parler Élodie !... » La petite : « Pas Élodie, Hélonie ! Décidément on m'aura appelée par tous les noms, Élodie, Mélanie, Édonie... Mais je ne vois pas pourquoi vous mettez tant d'ardeur à expliquer l'intelligence !... » Pradel, K.-O. debout : « Bon, Hélénie, tu viendras une autre fois pour nous en parler... » Et pendant ce temps, le pompier de service faisait respirer les sels à Edwige Antier...

SEVRAN Pascal

AVRIL 1997

La vacherie de la semaine a été balancée par Pascal Sevran, toujours odieux lorsqu'une chanteuse refuse de venir dans son émission. Là, comme Céline Dion — après avoir chanté aux J.O. d'Atlanta devant trois milliards d'êtres humains — a refusé de venir aux treize ans de « La Chance aux chansons », Sevran a rappelé qu'elle avait fait sa première télévision chez lui en précisant : « À l'époque elle avait un visage ingrat, mais elle chantait déjà très bien ! »

OCTOBRE 1997

C'était hier l'anniversaire de Pascal Sevran. Vous pensez bien qu'il n'allait pas rater l'occasion pour en faire des tonnes, surtout qu'il vient de sortir un nouveau disque. Il ne s'est donc absolument pas gêné pour donner comme titre à son émission : « Le nouveau Sevran est arrivé ! »

Anniversaire oblige, l'émission démarre avec une fanfare impressionnante d'au moins quatre-vingts musiciens jouant *Happy Birthday to you...* Fin de la chanson et entrée de Sevran sur le plateau, ému aux larmes, qui dit : « Je suis bouleversé, je ne m'y attendais absolument pas... » C'est-à-dire qu'il y avait quatre-vingts types qui se sont pointés dans le studio, ça l'a pas surpris, il pensait que c'était des ouvriers de maintenance venus vérifier l'évier des loges !

OCTOBRE 1997 (BIS)

« Nulle Part Ailleurs » recevait hier Pascal Sevran. Soudain, Gildas envoie l'interview d'un jeune type dans la rue qui pose la question suivante : « Pascal Sevran, est-ce que vous vous souvenez de moi ? Vous êtes venu dîner dans le restaurant où je travaillais et comme j'ai tardé à vous apporter une serviette, vous avez fait un tel scandale que j'ai été renvoyé sur-le-champ... » Sevran, venu faire la promo de son nouveau bouquin qui s'intitule *Je me souviens*, pour le coup, il se souvenait pas du tout !... Enfin, il disait qu'il se souvenait pas. Mais dans ses yeux, quand il a regardé Gildas, y avait comme une envie de meurtre qui soutenait le contraire...

NOVEMBRE 1997

Jusqu'à présent, le mercredi après-midi sur France 2 étant consacré aux dessins animés et autres programmes pour les enfants, il n'y avait pas de « Chance aux chansons ». Mais le service public, considérant qu'il y a déjà un programme enfantin sur la 3 avec la séance des « Questions au gouvernement », a fini par remplacer les dessins animés en programmant l'émission de Pascal Sevran. Et je dois reconnaître que l'animateur tient compte de ce jeune public. Par exemple, mercredi dernier, il a commencé son émission avec cette phrase authentique : « Bienvenue à "La Chance aux chansons", nous sommes mercredi et je voudrais saluer plus particulièrement les jeunes, qui d'habitude à cette heure-là ne peuvent nous regarder puisqu'ils sont au collège ou au lycée, mais qui le mercredi sont très nombreux devant notre émission, je le sais, pour assister au grand retour de Georgette Lemaire ! » Et c'est vrai que le retour de Georgette Lemaire, ça a drôlement secoué les banlieues... Je voudrais avoir une pensée affectueuse pour tous ces jeunes insoumis qui rêvent d'amour et de révolution dans leurs chambres sous des posters de Josy Andrieu...

Mais revenons à Pascal Sevran. Si j'ai parlé d'audace, ce n'est pas par hasard : il n'a pas hésité à dire : « On me reproche de ne passer que des anciens chanteurs, c'est pas vrai, je passe aussi les jeunes qui deviendront la chanson française de demain ! » Et là, il annonce son groupe « Formule 3 » qui nous interprète : *Quand les chats sont pas là, les souris dansent le cha-cha-cha.* Voilà la chanson française de demain...

À part ça, il y avait quand même des choses bien. Par exemple le grand retour d'Alain Barrière, qui a retrouvé sa forme et ses cheveux de vingt ans. D'ailleurs il paraît que le chancelier Kohl regardait l'émission et qu'il a demandé à sa femme : « C'est ses vrais cheveux à Alain Barrière ? » L'autre a répondu : « Non, c'est une moumoute Helmut... »

Autre nouveauté chez Pascal Sevran : pour faire comme tout le monde, il a intégré dans son émission ce qu'il appelle « La caméra cachée de Tintin ». Bon, la caméra cachée de Tintin ça veut dire qu'on prévient l'intéressé qu'il va être filmé, qu'on le maquille, qu'on l'éclaire avec des projecteurs en faisant attention à son bon profil et qu'on refait la prise quand elle n'est pas bonne. Et à la fin ils doivent dire comme Michèle Torr : « Oh noooon ! C'est pas vrai, vous m'avez pas filmée là !... » d'un air faussement surpris et indigné !

OCTOBRE 2000

Il y a quelques jours, François Morel me téléphone, il avait du mal à parler tellement il riait. Il me dit : « Regarde vite "La Chance aux chansons". » J'allume la télé et je vois Pascal Sevran expliquer que dorénavant, une fois par mois, il recevra de jeunes humoristes pour faire découvrir aux téléspectateurs la nouvelle génération des comiques. D'ailleurs voici la première de ces émissions... Et on le voit entouré de Jean Amadou, Jacques Maillot, Jean Roucas, Maurice Horgues et Pierre Douglas ! Je vous laisse apprécier la brochette de jeunes comiques !... À l'arrière-plan on apercevait les assistantes munies de couches Confiance, au cas où... On a compris que Pascal Sevran a les mêmes critères de qualité en matière d'humour qu'en matière de chansons. À un moment, il a demandé à Pierre Douglas de nous présenter ses imitations les plus récentes : l'autre nous a fait Léon Zitrone et Georges Marchais ! Jacques Maillot, lui, a balancé des vannes sur des hommes politiques en pleine actualité, Jean-Pierre Soisson et Brice Lalonde... Sevran a dit : « Ah là, là, terrible !... Eh ben vous au moins, vous n'hésitez pas à vous mouiller !... » Quand il a dit ça j'ai cru que l'autre avait fait sous lui, rapport aux dames avec les couches. Mais non, Sevran parlait de courage politique ! Et c'est vrai qu'il est impertinent, Pierre Douglas. À un moment, il a failli balancer des vannes sévères sur Pompidou. Du genre : « Quand Pompidou vient à la Chambre, les députés sont dépités ! »

Plus tard, Sevran fut pris d'un chat dans la gorge. Il demande qu'on lui apporte un verre d'eau. Comme ça n'allait pas assez vite à son goût — Pascal a des impatiences —, il crie : « Alors ça vient, ce verre d'eau ? » Puis il devient carrément odieux : le voilà qui se met à hurler à ses assistants : « Oui, ah ben ça, pour boire de la bière ça y va... Mais pour amener un verre d'eau y a plus personne !... » Et comme le verre d'eau n'arrivait toujours pas, il beugle en gesticulant : « Mais c'est pas possible, on va chronométrer le temps que vous mettez pour amener un verre d'eau ! » Quand l'assistant, les larmes aux yeux, apporte finalement le verre, au moment même où il entre dans le champ des caméras, Pascal Sevran lui lance d'un ton glacial : « Dépêchez-vous mon cher, vous avez été très long mon jeune Clément ! »...

SEXE À LA TÉLÉVISION

FÉVRIER 2000

Pour la première fois, j'ai regardé le porno de Canal samedi soir. D'autant qu'il ne s'agissait pas d'un petit porno de série Z, un quelconque Marc Dorcel tourné dans le pavillon de banlieue d'un producteur véreux, mais d'un film américain à gros budget, avec costumes d'époque et effets spéciaux.

Au début, ça ressemble à un clip de Mylène Farmer. La même ratatouille de symboles cucul la praline, et cette bouillie de mots à prétention pasolinienne, des crucifix, des cercueils avec des têtes de mort... Devant le cercueil, un homme nous raconte avec la voix de Michael Lonsdale qu'un jour il a insulté Dieu et que ce dernier, du coup, l'a rendu aveugle et immortel à la fois. En plus, Dieu lui dit que pour l'éternité il ne connaîtra plus jamais ni l'amour ni la caresse. Depuis, le pauvre hère rôde dans le château... Alors il est là, très digne, il marche dans le château — vachement inquiétant le château, avec des gargouilles répugnantes, du brouillard dans toutes les pièces —, et c'est incroyable, mais où qu'il aille il y a toujours plein de dames qui s'excitent tout autour de lui en poussant des soupirs lascifs et en lui faisant des signes obscènes avec la langue — ce qui ne sert à rien, vu qu'il est aveugle. En plus elles le narguent : « Dis donc Ray Charles, regarde un peu ce que je suis en train de me faire ! T'as vu ça ?... » Et l'autre hurle en se bouchant les oreilles... Ça dure comme ça depuis des siècles, et ça n'arrête pas de défiler dans le château... Il y a des types habillés comme au carnaval de Venise, avec les grandes capes noires et les masques blancs, qui viennent faire des cochonneries... Le pauvre hère entend les cris d'extase de tout ce beau monde, alors il supplie... Là, on s'aperçoit qu'en Transylvanie au XVIIIe siècle, ils étaient vachement en avance car ils avaient déjà inventé le préservatif Durex extra large !

On amène alors l'aveugle dans une salle où tout le monde fait l'amour. Il est content Gilbert Montagné, c'est tout juste s'il ne se met pas à chanter *Sous le soleil des Tropiques*. Manque de pot, c'est pas les dames qui s'approchent de lui mais les Vénitiens, et ça il n'aime pas du tout, le pauvre hère. C'est pas son truc. Ça le laisse de glace. D'ailleurs les autres s'en rendent compte : ils disent « Bon, le fond de l'hère est frais, laissons tomber »...

Donc, ça a continué comme ça pendant une heure et demie, avec le brouillard et la musique façon « Tubular Bells » et les filles qui font leurs cochonneries au ralenti pour gagner du temps... Je commençais à me lasser, d'autant que l'héroïne, Stracy Valentino, était dotée d'un furoncle en voie de cicatrisation sur la fesse gauche qui réduisait considérablement sa puissance érotique...

Et ça n'a pas arrêté de défiler dans le château. Les Témoins de Jéhovah, les dépanneurs de chez Darty, les livreurs de Pizza Hut... À un moment — je vous jure que c'est vrai —, dans une grande lumière arrive au château un extraterrestre ressemblant au monstre de *La Guerre des Étoiles*, avec une grosse tête répugnante, un grand crâne pointu vers l'arrière, des grandes oreilles de cocker, un long nez crochu, des canines de vampire, des verrues partout sur le visage et deux petites cornes comme les veaux !... Autant dire particulièrement abject !... Mais ça ne gêne absolument pas une des dames du château, celle qui possède le furoncle en voie de cicatrisation déjà évoqué, Stracy Valentino. Elle se met devant la chose et laisse tomber sa robe. Puis elle se jette sur lui en se disant « Je vais être la première de l'histoire du cinéma à pratiquer une fellation sur un extraterrestre, je vais rentrer dans le *Guinness Book* et tout ça... » La dame se dépêche de lui ouvrir sa braguette — oui, parce que dans le film les extraterrestres ont des braguettes à boutons —, elle sort le truc et là, tenez-vous bien, le sexe de l'extraterrestre est constitué d'une boule de verre ressemblant à une grosse ampoule électrique !... Mais la dame, ça la gêne pas du tout ! Et la voilà qui devient la première femme de l'histoire à faire une pipe à E.T. ! Ce gros plan sur Stracy Valentino s'appliquant à fellationner une ampoule de 100 watts pendant que l'extraterrestre l'encourage de sa grosse voix, c'est une image qui restera à jamais dans l'histoire du film X, et même du cinéma en général. Oui parce que sur sa planète, ils disent tout comme nous dans ces moments-là : « Oui vas-y, encore, oh ! oui, c'est bon, ma parole vous êtes plusieurs, tout ça... » La fille ça ne la surprend pas du tout, cette ampoule. On s'aperçoit que le martien prend son pied lorsque dans l'ampoule on voit un arc électrique, un peu comme dans les allume-gaz... Ça fait « Tzzz, tzzz ! » et on voit un filament bleu !... Au moins c'est propre, la fille n'en a pas partout ! Oui parce qu'avant, avec les Vénitiens, c'était répugnant, ça faisait le Pont des Soupirs...

À ce moment-là, comme on arrive à la fin du film, le réalisateur s'est dit : « Tiens, on va mettre une phrase bien sentie. » Et l'ex-aveugle errant devenu extraterrestre démoniaque lâche dans un grand éclat de rire (sur lequel l'ingénieur du son a mis une tonne de réverb pour le rendre inquiétant) : « La vie n'est qu'une mascarade virtuelle, une pantomime de désirs »... Comme la télévision.

SOIRÉES ÉLECTORALES

MARS 1998

J'ai regardé la soirée électorale des régionales, en commençant par TF1 où PPD a ouvert la soirée par un lapsus freudien : « D'après nos estimations, la gauche est en tête dans la région Nord-Pas-de-Calin ! » Chaque chaîne avait réalisé un décor à base d'effets spéciaux. Sur TF1 on voyait un signal radar tournant autour d'une carte de France. Sur France 2 c'était encore mieux : devant Bilalian il y avait par terre une grande carte sur laquelle chaque région était représentée par une dalle lumineuse. Au fur et à mesure des résultats, un journaliste marchait dessus, et les régions s'allumaient ! On aurait cru le clip de Michael Jackson *Billie Jean* !... Sur France 3, on avait aussi sacrifié aux effets spéciaux avec trois bureaux disposés en U, dont l'un équipé d'un Macintosh, et au mur un logo adhésif « FR3 ». Autant vous dire que ça avait de la gueule... France 3 qui avait fait un gros effort sur les personnalités invitées, puisqu'on a assisté à un débat passionnant entre Georges Trou (avec un nom pareil, il ne pouvait être qu'à l'UDF) et Martine Lehideux (avec un nom pareil, elle ne pouvait être ailleurs qu'au Front national)…

TÉLÉACHAT

JUIN 2000

Cette semaine des enfants sont nés, des hommes ont aimé, d'autres ont souffert, des adolescents ont lu Céline, et moi j'ai regardé pour vous « Le téléachat » de M6 et de Télé Monte-Carlo — c'est le même, animé par les inénarrables Valérie Pascale et Pierre Dhostel.

Je suis tombé sur l'émission au moment précis où Pierre Dhostel nous montrait sa boule vapeur. Comme son nom l'indique, la boule vapeur est une boule qui fume, et non pas un testicule après un bain turc.

Dhostel commence : « Regardez la boule vapeur comme elle est merveilleuse ! Mettez d'abord en marche et vous allez voir, le voyant de marche s'allume !… » Là déjà, on a le souffle coupé. Il a raison d'insister, le Pierre Bellemare junior. Vous vous rendez compte ? Vous mettez en marche et le voyant de marche s'allume !

C'est donc un truc qui sert à nettoyer les moquettes et les rideaux à la vapeur, totalement inefficace, mais avec malgré tout des avantages. Par exemple, vous pouvez l'utiliser sous l'eau sans aucun risque d'électrocution. Ça c'est vachement bien ! C'est vrai qu'on a l'habitude de mettre la moquette dans une piscine pour la nettoyer !... Autre avantage, le bec cracheur, pour cracher dans les toilettes : « Regardez, vous mettez en marche vos boules vapeur et il y a un jet superpuissant qui sort du bec cracheur ! » Dhostel reste avec son bec cracheur qui crache toujours... On comprend que tant que la vapeur n'est pas dissipée, il crache. Alors il le met sur le côté : « Et regardez, on vous offre gracieusement la demi-serpillière qui se fixe au bout des deux rallonges ! Ça décape tout ! » Là, on se dit qu'à force de balancer la vapeur sur Valérie Pascale, il lui a décapé l'intelligence. La petite pellicule d'intelligence qu'elle avait à la naissance. Ça coûte 699 francs et c'est payable en trois fois... Mais après il y a une deuxième couche, c'est qu'il faut rajouter 300 francs pour le bec cracheur !...

On assiste ensuite à une séquence incroyable. Quand vous êtes un client du « téléachat », vous recevez une carte postale avec un bon de réduction de 100 francs. L'autre andouille, qui veut faire un effet, met la carte devant son visage, du genre « Coucou, regardez-moi, je suis la carte postale-bon de réduction de 100 francs ! » Puis elle la met sur le côté, sa tête apparaît et elle dit : « C'est moi ! » — des fois que vous auriez cru que c'était la carte postale qui parlait ! Elle explique alors son histoire de bon de réduction... Elle veut finir en remettant la carte devant son pif, mais là elle fait une erreur de balistique et se plante le carton dans l'œil ! Du coup elle termine l'émission avec l'œil gauche qui pleure !...

Mais le meilleur restait à venir : la pomme de douche « Cobra ». Pierre Dhostel : « Vous vous êtes peut-être réveillé ce matin en prenant une bonne douche. Vous avez eu raison. Mais on est obligé lorsqu'on prend une douche, Valérie, de faire un réglage avec le robinet d'eau chaude et celui d'eau froide, pour faire la bonne température. » L'autre a dit oui, elle est contente, il y a plein de trucs dans la vie qu'elle comprend pas, elle n'a jamais lu Proust elle ne sait pas résoudre une équation du premier degré, mais quand l'autre con lui dit : « Lorsqu'on prend une douche, Valérie, pour avoir la bonne température on est obligé de régler l'eau chaude et l'eau froide », elle comprend. Et du coup elle s'enhardit : « Eh oui, et quand on met du shampooing, pour pouvoir se rincer les cheveux à la bonne température on a trop chaud ou trop froid, mais grâce à la pomme de douche "Cobra", fini le réglage eau chaude-eau froide ! » « Pourquoi la pomme de douche s'appelle-t-elle "Cobra" ? Parce qu'elle ressemble à une tête de cobra ! » Là, on entend la niaise derrière qui fait « Oh, Pierre, regardez, en plus y a un flexible !... » Ben oui, heureusement ! Et Dhostel : « Une fois que vous avez fini de prendre votre douche, refermez vos robinets. Et puis finies les pommes de douche posées nonchalamment ! » — c'est vrai, les pommes de douche sont des grosses feignasses nonchalantes... En fait, il y a juste un bouton qui arrête le jet comme sur les jets de jardin, mais évidemment il faut régler les robinets comme d'habitude... C'est de la daube, mais son principal avantage c'est qu'il est ergonomique, comme tout ce que vend Dhostel.

Par exemple comme « Toutépil », le nécessaire pour l'épilation parfaite à la cire : « Il est ergonomique, et n'oubliez pas le Fidéli-cadeau ! » Après, il y a eu la crêpière avec l'étaleur en triangle qui tourne autour. L'autre met sa pâte liquide dans le triangle et tourne. Elle fait un cercle parfait... mais il reste plein de pâte dans le triangle et quand elle l'enlève ça dégouline !... On voit alors six démonstratrices, une par spécialité. Valérie Pascale dit : « Oh ! mais regardez, non seulement elle fait des crêpes mais en plus elle dessine des lettres ! » Et l'autre : « Oui, je fais des chiffres et des lettres avec les crêpes pour que mon petit-fils, quand il rentre de l'école, apprenne à lire et à écrire ! » Sous-entendu : achetez la crêpière car en plus elle est éducative !

Enfin, last but not least, le « Lift-regard » pour avoir un regard de star d'Hollywood. Et là, Dhostel dit la connerie : « Eh oui, nous sur le plateau on s'en sert, et regardez ! » L'autre avait toujours l'œil qui pleurait à cause du bon de réduction... Quant au regard de Pierre Dhostel il évoque plutôt l'œil du veau sous la mère que les stars d'Hollywood ! Le « Lift-regard », c'est un tenseur qui tient huit heures. Mais après, comme la citrouille de Cendrillon, vous retrouvez vos rides. En fait c'est de la Super Glu pour donner le change dans les soirées ! Il y avait les photos avant/après trafiquées grossièrement à l'ordinateur, il y avait même une fille avec une verrue avant et une peau de bébé après...

J'imaginais les repas du dimanche chez les Bellemare — oui, parce que Dhostel c'est le genre à aller déjeuner chez les beaux-parents. Je suis sûr qu'ils amènent des glaïeuls...

Oh ! bien sûr je ricane, je persifle, j'ironise... Mais à la réflexion, le « téléachat », ça s'adresse aux gens simples, aussi bien intellectuellement que financièrement. Qui regarde ça ? Les vieux, les malades, les chômeurs, les dépressifs. On imagine le conjoint qui rentre le soir : « Qu'est-ce que tu as fait aujourd'hui, feignasse ? » « Ben... j'ai regardé Pierre Dhostel. » Rien que cette phrase, déjà c'est humiliant ! Évidemment, elle n'ose donc pas lui dire qu'elle a commandé la pomme de douche « Cobra » ou la yaourtière bulgare qui va rejoindre dans l'armoire la pierrade, la sorbetière, le « Cellu-système », le bracelet anti-grignoteur, le « Rénov'Auto », le survêtement de sudation, le « Peinturnet » et toutes les autres conneries du « téléachat ».

Dhostel, c'est une yaourtière du genre humain. Il est totalement inutile. Et si on le supprimait ? Mettons-le avec toutes les conneries qu'il nous vend au fond d'un placard, ou tuons-le juste manière de montrer qu'on a un peu progressé grâce à Frédéric Dard, qui a dit : « La mort est la dignité du con »...

TÉLÉVISION DE NOËL

DÉCEMBRE 2000

La télé de Noël c'est comme tout, on regrette toujours les Noëls d'avant. On a l'impression que c'était mieux quand on était petit. Les cadeaux étaient plus beaux, par exemple. « Les salves d'or » avec Henri Salvador en smoking blanc, canne et chapeau claque, avec des chanteuses en robe du soir qui nous souhaitaient « Joyeux Noël »... Je me souviens aussi du Noël de BB, elle avait chanté *Harley Davidson*... Je me souviens des « Petits Papiers de Noël », ça remplaçait « Les jeux de 20 heures » pendant les fêtes, il fallait ramener le plus grand nombre de petits papiers à Jean-Pierre Descombes... Il y avait toujours un conte de Noël interprété par Marie-José Nat qui jouait la vierge... C'était tourné en direct aux Buttes-Chaumont, c'était cheap... En regardant bien on pouvait voir le panneau « Défense de fumer » juste au-dessus de l'âne, et des câbles électriques passer sous le bœuf...

Cette année ça a été moins bien... Certes, on a eu droit à un très beau cadeau, le cycle Woody Allen sur France 3. Mais on a eu aussi notre lot de yaourtières télévisées, de dindes farcies et de boudin blanc avec Véronika Loubry, qui présentait une émission destinée — dixit mon programme — « aux petits enfants de maternelle ». La maternelle c'est de quatre à six ans. Donc, avec une logique implacable, France 2 diffusait l'émission à 23 h 30. C'est vrai, ils auraient pu programmer ça à une heure où les petits regardent ! Eh bien non : 23 h 30 ils se sont dit, ça c'est une idée que TF1 n'aura pas ! Un truc pour les tout-petits qui se termine à une heure du matin !

Véronika Loubry présentait donc cette chose entourée d'enfants de quatre à six ans. Elle était contente, pour une fois elle comprenait tous les mots ! Elle a même chanté... Enfin c'est beaucoup dire. Elle a essayé de mimer une vieille chanson réac de Marie

Laforêt, *Cadeau*, en play-back avec les enfants. Eux étaient bien, mais Véronika Loubry en play-back, j'ai jamais vu un truc pareil : elle a toujours une phrase de retard ! C'est-à-dire qu'on voit bien qu'elle attend le début de la bande, mais quand la première phrase arrive, le temps qu'elle se dise « a y est ! », elle commence à mimer la première phrase quand la chanson en est à la troisième ! Ce qui fait qu'elle a même souvent deux phrases de retard ! Les enfants à côté la regardaient, atterrés. En fait, ça faisait un canon, comme dans *Frère Jacques*, mais involontaire...

Ensuite, des personnalités ont raconté leur plus beau cadeau de Noël d'enfant. Patrick Fiori s'est souvenu avec émotion de sa première grue... Oh ! Elle était pas très belle, trop grande, un peu tordue, mais c'était la première. Depuis, il a connu Lara Fabian !

TÉLÉVISION DU MATIN

SEPTEMBRE 1999

Des examens de routine sans gravité m'ayant conduit à passer quelques jours en clinique, j'ai regardé la télévision dans des conditions différentes de celles auxquelles je suis habitué. D'ordinaire, sur les conseils de mon nutritionniste, je regarde la télévision allongé sur mon canapé en trempant négligemment des Pépito dans un pot de Nutella. Là, je partageais les programmes avec mon voisin de chambre, entré avant moi et donc détenteur de la télécommande. Un monsieur charmant au demeurant, mais souffrant de deux pathologies : une surdité massive, et des troubles gastro-intestinaux se manifestant par l'émission régulière de flatulences sonores et odorantes… Sans aucun rapport avec ce qui précède, il vouait une passion dévorante à Sophie Davant et Laurent Romejko. C'est donc à cette occasion que j'ai découvert un monde inconnu des feignasses que vous êtes : la télévision du matin.

Tôt le matin, dès 6 heures, une aide-soignante originaire des Antilles ouvrait à toute volée la porte de la chambre et allumait la lumière en hurlant : « Bonjour messieurs, il va prendre sa température ! » Mon voisin, insensible à la faute de français, procédait alors à un rituel immuable : tout d'abord, comme pour rendre hommage à l'aube naissante, il exhalait un pet interminable chargé des effluves de son transit nocturne, puis se saisissait de la télécommande et allumait la télévision en forçant le volume — compte tenu de sa déficience auditive. Or à six heures du matin à la télévision, il y avait… la rediffusion de « La Chance aux chansons ». Et c'était une semaine « Spécial Guy Béart »…

Oh ! bien sûr, il y a le Timor-Oriental, des cyclones sur la Floride, des tremblements de terre à Taiwan et tant d'autres choses terribles sur la terre. Mais regarder « La Chance aux chansons » à six heures du matin dans une chambre de l'hôpital d'Argenteuil dans le Val-d'Oise avec un thermomètre dans le fondement est un moment de la vie qu'on n'oublie jamais…

Mon voisin appréciait beaucoup Pascal Sevran. Est-ce l'effet mécanique de l'introduction du thermomètre ?

Nul ne le saura jamais. Toujours est-il qu'il a émis un chapelet de flatulences de durées variables. On aurait dit un SOS en morse, un long… deux courts… etc.

Puis vint l'heure de la météo de Laurent Romejko. Étrange garçon, ce Romejko. Brel disait qu'« il faut bien du talent pour être vieux sans être adulte ». Romejko, depuis toujours, il est adulte sans être vieux…

Après « Télématin », mon voisin a zappé sur France 3 pour regarder « Un jour en France », l'émission de Marie-Laure Augry. Je ne connaissais pas. Vous non plus j'en suis sûr. D'ailleurs je ne croyais pas qu'un truc pareil puisse exister. Comment vous dire… Ça ressemble à un programme de la télévision bulgare des années 1960 : trois personnes autour d'une table, dans un décor cosy — ce qui veut dire pas cher et qui se casse la gueule. Donc un décor SFP avec une étagère en bois peint, un store et une gerbe de blé pour faire naturel. Mais il y avait également un invité, Darry Cowl. Ambiance rock and roll donc, et, ô surprise, un jeu ! Marie-Laure Augry tend des cartons à l'invité sur lesquels figurent des questions pièges. Darry Cowl, un peu inquiet, tire un carton. La question était : « Quelle pièce jouez-vous actuellement ? » Quelle impertinence !

Est-ce en hommage à Darry Cowl ? À cet instant, mon voisin exhala ce qu'à l'école nous appelions un « pet mousseline ». C'est-à-dire une émanation quasi silencieuse, juste un souffle, une brise, un alizé, un aquilon. Mais, comme disait Lamartine dans cet alexandrin magnifique : « Les pets silencieux sont les plus odorants ! »

TÉLÉVISION DU MILLÉNIUM

JANVIER 2000

Dès l'aube du 31 décembre, on sentait que France 2 allait frapper un grand coup pour entrer dans l'an 2000. Dans « Télématin », il y eut un final d'émission grandiose. En effet, le remplaçant de William Leymergie — tenez-vous bien — a sorti de sa poche une langue de belle-mère et a soufflé dedans tandis que la chroniqueuse médicale qui venait de faire un sujet sur les hémorroïdes lui lançait un serpentin en criant : « Ouais !... Bonne année !... » C'était Hollywood ! On ne pouvait s'empêcher de penser à Cécil B. de Mille. Certains peuvent être choqués d'une telle débauche de moyens techniques. Je répondrais qu'on ne passe à l'an 2000 qu'une seule fois.

La suite des programmes fut à la hauteur de ce premier feu d'artifice. La chaîne avait notamment envoyé Gérard Holtz aux îles Tonga, premier lieu géographique à passer en 2000. Dès les premières images de Gégé aux Tonga, on vit qu'il ne se passait absolument rien et que les Tongais n'en avaient rien à faire de l'an 2000 — ils sont en 40 d'après leur calendrier, autant vous dire que l'an 2000 ils s'en foutaient comme de l'an 40 ! Du coup, Gérard Holtz avait regroupé une dizaine d'indigènes en pagne et Adidas qui assurent les soirées folkloriques du Club Med local. On avait improvisé une espèce de veillée sur une plage avec feu de camp, et Enzo Enzo chantait avec les indigènes précités des chants folkloriques locaux en s'accompagnant au ukulélé. On aurait cru un extrait du film *Les Bronzés,* quand Michel Blanc joue de l'harmonica à la veillée. Comme personnalités, à part Enzo Enzo il y avait Yves Coppens, le scientifique plein de pellicules et très chiant — tout désigné pour symboliser l'entrée dans l'avenir, vu qu'il est paléontologue, c'est-à-dire spécialiste de l'étude des fossiles... Moi je dis qu'une dizaine de Tongais sur une plage en pleine nuit chantant un tamouré avec Gérard Holtz et Enzo Enzo, on ne pouvait rêver mieux pour entrer dans l'an 2000 !

Un peu plus tard, quand le jour se leva sur les Tonga, on vit Gégé sur une barque avec des fillettes. C'était un symbole, vous comprenez. C'était pour montrer que les gamines représentaient l'avenir... En revanche, la fillette qui s'est fait écraser au Dakar il y a deux jours et dont Gérard Holtz ne nous a pas parlé, elle risque plus de représenter l'avenir...

Ensuite, tout au long de la journée, France 2 lançait des duplex avec différentes régions de France où se préparait fébrilement le réveillon. Par exemple à Courchevel, le journaliste demande à un moniteur de ski : « Alors vous allez faire une grande fête ce soir, c'est pas un jour comme les autres ? » Et l'autre andouille répond : « Ah ! ça c'est sûr qu'on va faire la fête, c'est pas tous les jours que j'passe à la télé ! » Là, on avait compris qu'en 2000 les cons seraient toujours aussi cons !...

France 2 avait également un reporter au milieu de la foule du Champ-de-Mars. Une foule qui, je le rappelle, s'était amassée là pour scander le décompte figurant sur la tour Eiffel. Le journaliste interviewe un monsieur d'un certain âge :

– Bonjour monsieur, vous êtes là pour le passage à l'an 2000 ? (il avait raison de poser la question, le type pouvait très bien être là le 31 décembre 1999 au pied de la tour Eiffel pour lire un traité de mécanique ondulatoire ou mijoter une blanquette à l'ancienne...)

Le bonhomme : — Oui, je suis venu pour voir le changement de l'an 2000.

– Vous venez de province ?

– Oui, je viens de Metz pour voir le changement de l'an 2000.

– Et vous êtes arrivé quand ?

– Je suis arrivé en début d'après-midi.

– Ah, c'est bien. Et... Vous êtes content ?

– Oui c'est bien, je suis content...

C'était du grand journalisme : du rythme, de l'impertinence... On pensait à Dan Rather. Derrière, on voyait, des petits beurs qui sautaient en l'air en faisant des doigts d'honneur. Et l'autre qui continuait : « Oui, parce qu'à Metz on a aussi des festivités mais c'est moins bien... » On entendit même nettement un jeune au deuxième rang hurler : « Ta gueule, tu nous casses les couilles ! » Cette phrase, malgré son style elliptique, résumait d'une façon lapidaire le sentiment que dégageaient les programmes de France 2.

Quand j'ai zappé sur TF1, Véronique Genest était en train d'entrer dans le *Guinness* de la phrase la plus con dans une grande circonstance. On lui demandait ce que représentait pour elle l'entrée dans l'an 2000, et elle eut cette réponse magnifique : « Ben ce soir, j'vais prendre des tonnes de kilos ! »

Je zappais sur France 3, qui avait décidé de frapper un grand coup. La soirée était animée — tenez-vous bien

— par… Sylvain Augier et Cendrine Dominguez, depuis le studio de FR3 Toulouse ! Sylvain Augier s'était fait faire, pour la circonstance, un magnifique brushing d'implants. Quand on y pense, c'est terrifiant qu'à France 3 il existe un responsable qui se soit dit « Tiens, les gens vont avoir envie de passer le réveillon de l'an 2000 avec Sylvain Augier ! » À un moment je me suis dit : « C'est pas possible, c'est une parodie des Nuls ou des Inconnus ! » Pas du tout, l'implanté de frais était sérieux ! Pour vous donner une idée de l'ambiance, ça ressemblait un peu à l'émission des années 1970 « Expression directe » : « Aujourd'hui, la CFTC… » En plus, pour montrer que France 3 est la chaîne des régions, l'écran était divisé en six comme les cartes postales pour blaireaux avec une vue de l'église, du monument aux morts, de la mairie, etc. Là c'était la même chose avec six endroits, du genre Lunéville, Romorantin… Enfin des lieux où l'essentiel des festivités consistait en une guirlande lumineuse « Bonne année 2000 » offerte par l'amicale des commerçants…

Toute la journée du 1er janvier 2000, France 2 a diffusé le lever de soleil de l'an 2000 partout dans le monde. Le principe était très émouvant : « Nous allons en Guadeloupe voir le soleil se lever sur le premier jour de l'an 2000… » Mais pas du tout ! C'étaient des vieilles images de l'office du tourisme filmées le 27 septembre 1982 ! Interrogés par l'émission « Arrêt sur images », les responsables ont dit : « Ben oui, mais le matin de l'an 2000, il risquait d'y avoir des nuages, alors… » C'est ça, le problème de France 2. À force d'avoir peur de la vérité, on fait dans la carte postale, le coup de cœur bidon, l'émotion frelatée.

TESSIER ÉLISABETH

MAI 1997

Dans « Le vrai journal », Karl Zéro interviewait la sorcière Élisabeth Tessier. Elle venait vendre son livre qui raconte qu'elle a passé des nuits entières sur les thèmes astraux que lui demandait le président Mitterrand sur la fin de sa vie. Il avait notamment insisté pour qu'elle analyse le thème de Jean Poperen. Vous imaginez à quel point de déchéance mentale il devait être tombé, Tonton, pour exiger d'avoir le thème astral de Jean Poperen ?...

Jouant les honnêtes femmes, Élisabeth Tessier précisa qu'elle n'avait pas été payée pour les travaux qu'elle avait exécutés à la demande du président. Alors pour bien remettre les choses en place, Karl Zéro a conclu en disant : « Il ne vous a pas payée, mais en quelque sorte, votre livre... C'est la facture... ? »

TOUCHÉ, GAGNÉ

OCTOBRE 1997

On pensait avoir tout vu en matière de jeux télévisés, mais hier j'ai découvert un nouveau chef-d'œuvre sur TF1. Ça s'intitule « Touché, gagné », et c'est présenté par Alexandre Delperrier. Pour ceux qui ne le connaîtraient pas, c'est la même chose que Bernard Montiel en blond. Et en moins intelligent, bien sûr !… Pour vous situer le niveau de son jeu, hier, par exemple, les candidats devaient trouver l'auteur de la phrase « Souviens-toi que tu étais poussière et que tu redeviendras poussière ». Mais comme c'est très difficile, Delperrier propose aux candidats de choisir entre Dieu et Linda de Suza. Je vous jure qu'ils ont hésité !

À un autre moment, l'animateur donne une citation et propose le choix entre deux noms d'auteurs. Mais pour rendre l'affaire encore plus facile, l'un des deux noms est complètement farfelu. La citation était : « Je suis devenu ce que je pensais être. » Alexandre Delperrier donne à la candidate le choix entre Oscar Wilde et… Alexandre Debanne ! La candidate hésite longuement — donc déjà, on s'attendait au pire —, et puis, merveille de la connerie humaine venue d'on ne sait où, elle finit par hurler : « Gabin ! »

MAI 1998

Dans le jeu « Touché, gagné », deux couples s'affrontent. L'animateur Alexandre Delperrier donne trois indices, et les candidats doivent trouver de quoi il s'agit. Les trois indices : fleuve, Budapest, valse. La candidate : « Le Nil ? » Delperrier — surnommé source gazeuse eu égard à son patronyme, mais aussi aux bulles d'air qui encombrent son cerveau — se dit : « Bon, je vais faire plus facile. » Et il annonce : « Nous cherchons maintenant le nom d'un cinéaste américain. Voici les trois indices : humour juif, lunettes, clarinette. » Et la candidate s'écrie : « Popeck ! »

TOUS ÉGAUX

NOVEMBRE 2000

J'ai découvert ce week-end à la télévision une émission dont on a du mal à croire qu'elle puisse exister. Ça s'appelle « Tous égaux ». Il s'agit de la nouvelle merde de Réservoir Prod, la société de Delarue. C'est diffusé par France 3, qui justifie ainsi son statut de service public en offrant des spectacles de qualité.

Vous vous souvenez sans doute du film *Le dîner de cons* avec Villeret et sa tour Eiffel en allumettes. Eh bien là, c'est « L'émission de cons ». C'est basé sur l'axiome d'Andy Warhol selon lequel chacun d'entre nous connaîtra ses quelques minutes de gloire à la télévision. Si vous voulez les connaître, vous écrivez à Jean-Luc Delarue, il vous prête une caméra et vous vous filmez. Le résultat est terrifiant, c'est un mélange des Deschiens, des petites annonces d'Élie Semoun et de « Vidéo Gag ».

Déjà sur la forme c'est mal filmé, à contre-jour, le son est dégueulasse… Mais sur le fond c'est pathétique ! On a droit à toutes les médiocrités, toutes les démagogies, tous les lieux communs, toutes les petites passions dérisoires de ceux qui n'ont pas pu concrétiser leurs rêves…

Hier par exemple, on a eu droit à Bernard qui nous disait : « Bon, moi comme je suis en préretraite, j'ai conçu pour mes petits-enfants (là on voit les petits-enfants au sourire niais avec leur appareil dentaire) une invention qui s'appelle "Stopterre" et qui empêche les projections de terre derrière les jardinières de fleurs quand vous les arrosez. » En fait, il avait cloué une planche derrière ses pots ! Mais Bernard, c'était comme s'il avait inventé le moteur à explosion ! Il a conclu en nous encourageant : « Vous aussi vous pouvez y arriver, si vous avez une passion, foncez ! »

Et puis il y a les enfants. Ça c'est insupportable. Anastasia, dix ans, chantait *Voler plus haut.* Voler plus haut je sais pas, mais chanter plus faux, c'est pas possible !... Thibault, douze ans, faisait des tours de magie. On venait de lui offrir la boîte « Le petit magicien débutant » pour son anniversaire. Déjà dans les fêtes de famille, le gamin qui vous fait les tours avec maladresse, c'est insupportable, mais au moins c'est limité au cercle de famille. Là, le petit Thibault a fait chier la France entière !...

L'émission est animée par Florian Gazan et Gladys, qui est en quelque sorte la fille spirituelle de Julien Lepers. Enfin, « spirituelle » n'est pas l'adjectif qui convient. J'aurais dû dire la fille putative de Lepers. Oui c'est ça, la putative. En plus, c'est vrai, on a toujours l'impression qu'elle est pressée...

« Tous égaux » venait de commencer hier soir, lorsque Gladys aperçoit un petit corps étranger sur la chemise de Florian. Instantanément, elle s'arrête au milieu d'une phrase — ça ne lui est pas venu à l'esprit qu'elle pouvait attendre la diffusion du premier reportage — et elle dit : « Ooooh ! Florian, excusez-moi mais vous avez un truc là, une peluche ou chais pas quoi !... » Et la voilà qui se met à épousseter l'autre en lui mettant des claquettes. Elle tapotait en souriant béatement... Elle avait juste oublié que le machin noir n'était pas une peluche, mais... le micro-cravate de Florian ! Ce qui fait qu'on a entendu quelque chose comme : « Oooooh ! Florian, excusez-moi, mais vous avez un truc là, une peluche ou chais pas quoi, laissez j'vais vous l'enlever... Poum ! Poum ! Poum !... » Et l'autre derrière qui disait « Non, laissez Gladys, ça ne fait rien ! »...

AVRIL 2001

L'émission « Tous égaux », je le rappelle, filme les petites passions des Français, c'est-à-dire le truc sans intérêt qui te pourrit le dimanche quand tu vas déjeuner chez Tata Arlette — « Après le dessert je vais vous montrer, j'ai fait une nouvelle tapisserie... » On y voit donc des dames toutes fières nous montrer leurs canevas représentant des biches allant boire dans un sous-bois ou des types qui font des maquettes en boîtes de camembert. Puis, l'artiste vient sur le plateau exhiber ses œuvres au couple de présentateurs, Florian et Gladys, qui lui posent des questions idiotes du genre : « Vous avez mis longtemps à faire la mairie de Romorantin en boîtes de camembert ? » L'autre répond, et à chaque fois Gladys conclut en disant : « Ah, quand même !... » C'est hallucinant ! Voilà une fille qui ne dit que ça : « Ah, quand même !... » Le reste du temps elle garde la bouche ouverte... Ce qui lui permet de renouveler en permanence l'air dont est remplie sa boîte crânienne.

Avant-hier, après un reportage sur un élevage d'autruches, retour plateau : l'éleveur était venu avec un animal. Visiblement il avait dû avoir du mal à l'amener, vu que la pauvre autruche avait le crâne ouvert. Ça saignait, c'était affreux, alors évidemment Florian sort ses avirons et demande à l'éleveur : « Ah, on dirait que vous avez eu des petits problèmes pour l'amener ! » Le bonhomme : « Ben oui, elle ne voulait pas rentrer dans la voiture... » Ça, évidemment ! S'il a essayé de rentrer l'autruche dans sa Twingo, c'était pas étonnant qu'elle ait le crâne fendu ! Pendant ce temps, Gladys regardait la blessure et faisait : « Ah, quand même !... » Florian, voulant minimiser l'incident, demande à l'éleveur : « Ça ressent pas la douleur, une autruche ? » Manque de pot, l'autre lui répond : « Si si, mais moins que nous. » Et Gladys : « Ah, quand même !... »

Pendant cette courte discussion ils avaient oublié l'autruche. Et tout à coup, on aperçoit l'animal dans un coin du studio qui commence à donner des coups de bec dans une prise électrique... Florian demandait à l'éleveur : « Il paraît que c'est cardiaque, une autruche. » L'éleveur : « Euh oui, mais uniquement quand elle est stressée à cause du transport... » En la voyant le crâne ouvert, on se disait qu'en plus elle devait frôler la crise cardiaque !... Gladys : « Ah, quand même !... » Là, Florian s'aperçoit que l'autruche est en train de dépiauter un raccord de câble électrique. Alors pour avertir les techniciens que la bête, après la trépanation et la crise cardiaque, va probablement s'électrocuter, il s'adresse hypocritement à l'autruche : « Hé toi ! Tu t'en fous de ce qu'on raconte ? Toi tu manges le scotch de la rallonge et tu vas t'électrocuter si personne n'intervient ! » Puis il regardait les techniciens (qui devaient lire *L'Équipe*) en riant très fort : « Ah ah, regardez-la, elle s'en fout, elle mange le scotch !... » Personne ne réagissait... Et pendant ce temps-là, Gladys : « Ah oui, quand même !... » Florian, pour faire diversion : « Et... Qu'est-ce que j'veux dire euh... Ça vit longtemps une autruche ? » Le type : « Presque autant que nous. » Gladys : « Ah, quand même !... » À mon avis, cette autruche-là va faire baisser la moyenne car — je vous assure que c'est authentique —, par la plaie entrouverte, on pouvait apercevoir sa cervelle ! Et là évidemment, Gladys était particulièrement impressionnée qu'on puisse avoir une matière blanchâtre comme ça dans la tête. Elle savait pas, elle croyait que tout le monde avait de l'air. Alors en voyant ça, elle a fait : « Ah, quand même !... »

SEPTEMBRE 2001

J'ai encore regardé « Tous égaux ». Tous égaux, ça veut dire tous égaux dans la connerie et le mauvais goût. C'est comme « Sagas » mais avec des pauvres qui ont donc aussi mauvais goût que les parvenus. C'est plein de collectionneurs d'inutile, limite pathologique.

Par exemple, hier, un type passionné par les galets avait rempli son jardin de sculptures hideuses — il avait notamment réalisé un cheval cabré en galets collés particulièrement terrifiant. Ce monsieur avait fini par tout recouvrir chez lui avec des galets : les murs, le frigo, le compteur électrique, le buffet de la salle à manger. On se serait cru chez la famille Pierrafeu ! Résultat : pour ouvrir une porte de placard, il fallait qu'il appelle des déménageurs !

On a vu aussi une styliste pour chiens qui nous a montré sa collection. C'était terrible, les pauvres bêtes devenaient folles, ça les démangeait, elles se grattaient de façon hystérique pour enlever les vêtements... Mais ça ne l'a pas empêchée de terminer (comme dans tout défilé de mode) par la mariée, une chienne en robe blanche d'organdi ornée de dentelle de Calais ! Remarquez, la dentelle elle n'est pas restée blanche très longtemps, vu que la chienne — est-ce qu'ils lui avaient changé sa marque de croquettes ? Nul ne le sait —, vous pensez bien qu'elle n'en avait rien à foutre de la dentelle de Calais, elle avait la diarrhée et puis c'est tout !

Le couple de présentateurs de cette émission est largement à la hauteur des personnages qu'ils nous montrent. L'autre jour, le garçon, Florian, s'extasiant devant la toilette de sa coprésentatrice Gladys, lui a dit : « Oh, vous êtes en rouge et en noir, mais c'est Stendhal ! » L'autre le regarde, incrédule, avec des plis frontaux à la Julien Lepers. On voyait bien que ça lui disait quelque chose et qu'elle cherchait la référence culturelle. Quand soudain, on voit que ça lui revient. Son visage s'illumine. Ben oui, Stendhal, bien sûr ! C'est celui qui a écrit la chanson de Jeanne Mas ! Et la voilà qui se met à chanter : « En rouge et noir, je brûlerai ma vie... »

TROPHÉES DE LA MODE

DÉCEMBRE 2000

Une émission qui s'appelle « Les trophées de la mode et de la beauté », déjà rien que le titre ça sent le ronflant bidon, l'Oscar de la création française (un peu comme ces médailles qu'on voyait sur les boîtes de camembert, « Paris 1915 », on devine que c'est bien ringard...). Ça se passe au Paradis Latin, et c'est animé par un couple. La fille s'appelle Christel Saint-Louis Saint-Augustin — en fait son nom complet c'est Christel Saint-Louis Saint-Augustin pour aller porte d'Orléans changez à Opéra ! Je ne l'avais jamais vue, mais elle va d'entrée se placer au niveau d'une Astrid Veillon ou d'une Véronika Loubry. C'est de la gourdasse de Noël, ils les élèvent en batterie pendant toute l'année et ils les sortent pour Noël, bien fourrées de connerie pure ! Oui, parce que sinon ils n'ont pas le droit à l'Appellation contrôlée « Pure Gourdasse », ils peuvent seulement mettre « Dinde avec morceaux de connerie »... Ou alors « Médaillon de dinde », mais c'est contrôlé, d'ailleurs Jean-Pierre Coffe va faire une émission là-dessus...

C'est donc présenté par un duo, c'est comme pour les perruches, ils ont pris le couple. Et le mâle, comme Stéphane Bern, est fasciné par les fins de race. Il s'appelle Emmanuel de Branles. Pour vous le décrire, les mots me manquent. On a vu à la télévision des présentateurs exotiques. On se souvient de Jean-Luc Lahaye... Eh bien à côté d'Emmanuel de Branlette, Jean-Luc Lahaye c'est David Letterman ! Ce type possède une tête à claques comme j'en ai rarement vues.

Il a dû vivre une scolarité difficile… De plus il avait en permanence un truc bizarre sous le nez. J'ai cru au départ qu'il s'agissait d'une crotte de pigeon, mais un gros plan m'a fait comprendre qu'il s'agissait en fait… d'une moustache !

Bon, physiquement nul d'accord, mais techniquement, allez-vous me dire ? Eh bien techniquement, c'est un présentateur qui, lorsqu'il parle, tend le micro à son interlocuteur et se le remet devant la bouche lorsque l'autre répond. Vous comprenez à quel point il est compétent… À un moment, j'ai cru que c'était un gag ! Et puis c'est un mec qui répète en s'extasiant chacune des réponses de son interlocuteur. Ça donne ça :

– Bonjour, comment vous appelez-vous ?
– Monique.
– Ahhh, Monique… Et vous avez quel âge ?
– Vingt-huit ans.
– Aaaah, vingt-huit ans… Et vous habitez où ?
– Genève.
– Aaah, Genève… On salue la Corse…

À un moment, il reçoit Lou Doillon et lui dit : « Aaaah Lou Doillon, vous êtes belle ! » On sentait qu'il cherchait la métaphore flatteuse… Il a fini par la trouver puisqu'il lui a balancé : « Lou Doillon, vous êtes belle comme un sandwich… » Du coup, l'autre, sa comparse, Montparnasse-Bienvenüe par Denfert-Rochereau, elle faisait des efforts pour se mettre au niveau… Elle était vêtue d'une peau d'animal zébrée. Lorsqu'une candidate a annoncé qu'elle voulait partir en Afrique pour soigner les enfants atteints du sida, l'autre andouille lui répond : « Ah ben tiens, j'peux partir avec vous, j'ai déjà mon zèbre ! » C'est les enfants d'Afrique qui ont dû être contents…

VAN DAMME Jean-Claude

MAI 2001

J'ai regardé Jean-Claude Van Damme chez Thierry Ardisson. Comme à chaque fois, il est arrivé avec les narines panées (les narines panées, c'est comme les filets de sole : vous les trempez abondamment de chaque côté dans la farine). D'ailleurs en sortant de l'émission, Jean-Claude Van Damme aurait pu livrer toutes les boulangeries de Paris tant il avait de farine dans le pif !

Il venait présenter son nouveau film, *Réplicant.* Van Damme c'est comme Christophe Lambert, on sait qu'il peut tourner autant de films qu'il voudra, ça n'intéresse plus personne excepté quelques loueurs de cassettes qui s'emmerdent le samedi soir. Quand les retardataires entrent et disent : « Tiens, on va louer… *Amélie Poulain* », le gérant du vidéoclub dit : « Ah ben non, j'en ai plus, il me reste que Christophe Lambert ou Jean-Claude Van Damme ! »

Samedi, Thierry Ardisson a commis une erreur en demandant à Van Damme de raconter son film. Ça a donné ça : « Alors *you see*, comment dit-on déjà *see…* Ah oui, alors tu vois, le film est mis en scène par un très grand, le Scorsese de Hong Kong… Et dans le film, je m'appelle Garotte — Garotte, ça non plus ça fait pas sérieux. Pourquoi pas “Poil de Garotte” ! —, et tu *see* Garotte *is* un *serial killer* qu’un inspecteur de police… comment dit-on… Ah oui, *the police… the police* veut arrêter Garotte, alors il décide de créer un réplicant, un clone du tueur… Donc si tu veux, je sors du placenta à quarante-deux ans, mais comme je suis un clone mon cerveau est vide… » (vous l’avez compris, ce n’est donc pas un rôle de composition).

Ensuite, il a raconté que son premier film aurait dû être *Rue Barbare*, mais il s’est trompé dans la date et est arrivé un jour après la fin du tournage. Il a donc attendu toute la journée dans le décor vide !…

Puis, comme à chaque fois, Van Damme est parti en vrille. Là aussi le texte est authentique : « Quand on a une mission dans la vie et qu’on veut faire quelque chose… On pense *I have to be*… Je dois être un acteur… On peut mettre *be to have*… Quand on a confiance, *when you start to begin to begin*… c’est des petits cons qui se droguent… La coke ça arrête la tête ça te fout tout en l’air, quand tu prends la coke tu dis n’importe quoi, alors la coke quand tu essaies de la battre, tu peux pas la battre alors elle devient un compagnon. Mais moi, chui allergique moi à la coke et c’est pour ça que je sais bien parler maintenant chui très fort j’ai peur de personne, chui fort dans les yeux, bon je parle un peu vite… C’est vrai… C’est normal, chui un mec rapide, chui un peu speed, et vous savez pourquoi… Parce que je mange que des légumes… » Alors toi, jeune qui me lis, arrête les légumes, arrête les Garotte, regarde dans quel état ça peut te mettre !

Pour finir, Ardisson a fait à Van Damme « l'interview en O » (toutes les questions qui se terminent par O) :

– Est-ce que vous êtes mytho ?
– Non, pas du tout, mais chui le plus grand !
– Est-ce que vous êtes cyclo ?
– Ça a à voir avec la bicyclette ?

LES VIEUX DE LA VIEILLE

AVRIL 2001

France 3 a diffusé pour la 527e fois le film *Les vieux de la vieille*. C'est l'histoire de trois petits vieux insupportables que les autorités veulent renvoyer du village pour les placer à l'hospice à Gouillette, mais les trois petits vieux ne sont pas d'accord, ils s'accrochent et disent « J'veux pas aller à Gouillette »…

Eh bien, il faut savoir que cette histoire a été inspirée par un fait divers réel qui nous touche ici même, à Radio France. Nous aussi, nous avons trois petits vieux très attachants : José A., Claude V. et Macha B. José et Claude vivent avec Macha, c'est pour ça qu'on les appelle « Les vieux de la vieille » ! Et comme dans le film, nos petits vieux ne veulent pas aller à Gouillette. Il faut savoir que dans le monde de la radio, Gouillette s'appelle RTL. C'est une maison de retraite où l'on met de vieux animateurs décolorés comme Fabrice, qui sont homophobes, machistes et vulgaires. RTL, c'est la dérive des incontinents !…

WINTER OPHÉLIE

MARS 2000

J'ai regardé le show Ophélie Winter diffusé le week-end dernier sur TF1. « Ophélaïe » avait annoncé dans la presse qu'elle voulait faire une émission où l'on retrouve l'esprit des Carpentier. Elle y est presque arrivée : son émission avait l'esprit d'une carpe entière.

Y A PAS PHOTO

JANVIER 2000

« Y a pas photo » traitait cette semaine des phénomènes étranges. L'émission a commencé par un sujet sur un Coréen qui attire tous les objets sur lui comme un aimant. Bataille et Fontaine nous l'ont dit, même les médecins et les scientifiques n'arrivent pas à expliquer le phénomène. D'ailleurs, son fils possède le même don. Évidemment, ça sentait la supercherie… J'avais remarqué qu'on voyait toujours le Coréen et son fils de face. Or, en regardant attentivement la cassette au ralenti, on peut voir une image légèrement de profil et on s'aperçoit que les objets collés sur le visage du fils du Coréen tiennent en réalité par deux petites baguettes qui reposent sur la tête et sur le nez de l'enfant. Et que donc Bataille et Fontaine se moquent un peu du monde !…

Ensuite, on a eu droit à Anne-Marie. Elle communique avec l'au-delà qui lui envoie des messages. Elle s'installe devant une page blanche et sa fille décédée lui dicte une lettre. Il s'agit de séances d'écriture automatique. Elle explique qu'au début ça s'est manifesté par des saccades dans sa main gauche... Bon, son mari était content, il en profitait. Ensuite elle a éprouvé le besoin d'écrire, et cette écriture automatique consistait au début en des gribouillis, des suites de mots sans intérêt — là, rien d'exceptionnel, Barbelivien fait ça depuis des années... Mais peu à peu, sa fille Isabelle lui transmettait des lettres de plusieurs pages (d'ailleurs on la voit lors de l'une de ces séances d'écriture, et ce qui est rigolo c'est qu'à la fin sa fille la fait signer « Isabelle », suivi d'une petite fleur !). Un des présentateurs lui demande alors : « Vous avez dû avoir peur ? » Anne-Marie : « Ben oui, j'ai surtout eu peur de devenir folle. » Et Fontaine : « Vous avez dû vous sentir soulagée de voir que vous n'êtiez absolument pas folle et que c'était juste l'au-delà qui communiquait avec vous ! »

Puis ce fut le tour de Sophie Thalmann. Ça aussi, c'est un phénomène mystérieux. Comment cette fille-là peut-elle travailler à la télé ? À mon avis, elle aussi elle a eu des saccades de la main gauche un jour où Mougeotte passait par là... Elle a raconté que les stars ont souvent des relations avec l'au-delà. Par exemple, Maurane s'est un jour sentie attirée vers sa machine à écrire qui s'est mise à taper toute seule la lettre d'une certaine Martine... À mon avis, ce jour-là Maurane avait dû abuser du libanais torsadé !

AVRIL 2000

Un week-end pascal particulièrement chargé à la télévision. Beaucoup de grands moments, beaucoup d'images fortes, notamment la bénédiction papale *urbi et orbi*. Mais surtout, hier soir sur TF1, la prestation de Stéphane Bern dans « Y a pas photo ». Oui, hier les deux ravis de la crèche, Bétail et Tontaine, recevaient deux invités prestigieux : Stéphane Bern donc, et, le thème de l'émission étant les top models, en deuxième invitée… Maïté !

Notre ami Stéphane a fait une entrée sur le plateau très applaudie, puis il s'est assis à la table en prenant sa pose télévisée n° 1, à savoir « sourire niais et yeux exorbités ». Et il est resté comme ça, figé pendant une heure et demie.

L'émission elle-même fut sans aucun intérêt, comme d'habitude, mais donna lieu à deux moments surréalistes. Tout d'abord Sophie Thalmann, l'amie des footballeurs, venue parler des top models qui ont tenté une reconversion mais ont fait un flop. Pour illustrer ça, elle a montré un extrait de clip de Naomi Campbell puis elle a dit : « Ne cherchez pas le disque, vous ne le trouverez pas. » Ne cherchez pas non plus le cerveau de Sophie Thalmann, vous ne le trouverez pas !

Ensuite, on a eu droit au vieux chroniqueur qui fait de la psychanalyse de Prisunic, Monsieur Iliouchine. Il a déclaré avec assurance : « Il y a trois sortes de femmes : la romantique et la guerrière. » Bien. Puis il s'est livré à son occupation favorite, consistant à psychanalyser une personnalité à partir de trois misérables images d'archives passées au ralenti. Là, c'était Adriana Karembeu. Il s'est exclamé : « Regardez, regardez bien sa main ! Vous avez vu ? C'est une guerrière ! » Évidemment, il aurait pris un autre extrait, il aurait pu démontrer le contraire... À un moment, il nous la montre en train de se repoudrer le nez, en se regardant dans le miroir du poudrier comme le font toutes les femmes. Et soudain il s'excite : « Regardez cette femme ! Regardez comme elle se regarde dans son miroir de poudrier quand elle se maquille ! Regardez comme elle est concentrée ! C'est une guerrière ! »

J'en ai déduit que toutes les femmes sont des guerrières. Parce qu'il n'y en a pas beaucoup qui se repoudrent le nez en regardant le compteur à gaz !

MAI 2000

Hier soir, le sujet de « Y a pas photo » était « Les sorcières ». Ils avaient invité Mme Couillaré, qui vient juste d'être désenvoûtée. Elle expliquait qu'elle piquait des crises d'hystérie, et que la nuit elle sentait des choses qui appuyaient sur elle. C'était pas son mari. Lui, il faisait des crises d'angoisse. Remarquez, il avait de quoi, car Mme Couillaré balançait les verres et les assiettes. Elle s'est dit : « C'est pas possible, je suis possédée », et elle est allée voir une sorcière. Le truc normal, quoi ! La sorcière lui a dit : « Je vois un problème aux dents, est-ce que vous avez eu mal aux dents ? » Et l'autre : « Oh oui, c'est incroyable ! Il y a huit ans, j'ai eu mal aux dents. » La sorcière : « Cherchez pas c'est ça, les mauvais esprits vous ont envoûtée par les dents ! »

Puis une autre sorcière nommée Sabine Galpin est venue sur le plateau nous raconter qu'elle est extrêmement superstitieuse. Sa plus grande superstition, c'est que le lundi est un très mauvais jour pour elle. Ce qui se confirmait donc, puisque hier lundi, elle était à « Y a pas photo ». Elle avait apporté ses gris-gris porte-bonheur constitués d'un mini fer à cheval et d'une petite corne d'ivoire. Elle a expliqué que pour son permis de conduire, la première fois où elle l'a passé, elle avait oublié ses porte-bonheur, eh bien elle a été recalée. Et la deuxième fois, elle les avait sur elle, eh bien elle a été reçue ! Il ne lui est pas venu à l'esprit que le fait d'apprendre à faire les créneaux ait pu jouer un rôle… Et en guise de témoignage indiscutable, elle a expliqué qu'une nuit dans une discothèque, elle a perdu son premier fer à cheval, et qu'après elle a traversé des moments difficiles, sur le parking de la discothèque…

Comme invité il y avait Daniel Hechter. Il a précisé qu'il n'était absolument pas superstitieux, mais que lorsqu'il arrivait dans une nouvelle maison, il mettait dans une petite boîte un morceau de pain, une bougie et une gousse d'ail.

Puis est venu un type qui s'appelle Philippe Kelly. Lui, il a trouvé une sorcière en Espagne. Il a commencé son reportage en disant : « L'Espagne : ses oranges, ses corridas, ses cojones… » Pour ceux qui ne pratiquent pas l'ibère, il faut savoir que les cojones sont… Comment vous dire… De grosses couilles, c'est ça ! Bref, il est allé interroger cette sorcière espagnole spécialisée dans le retour des maris infidèles, à qui il a demandé ses secrets. Elle a déclaré : « Pour garder un mari infidèle, faites-lui l'amour très souvent. » Il aurait peut-être pu s'éviter le voyage…

Toujours des thèmes de qualité dans « Y a pas photo ». Hier soir, l'émission était consacrée aux extraterrestres. Comme invités pour en parler, il y avait Sandy Valentino et… le petit personnage de synthèse du « Bigdil » !

Sandy Valentino a de nouveau raconté sa rencontre avec les extraterrestres, sauf que la lumière nocturne elle ne l'avait plus vue chez son grand-père qui allait dans la cabane au fond du jardin, mais chez ses parents… Et, autre nouveauté, elle a quitté son lit puis est tombée à genoux devant une soucoupe volante en forme de cigare. Du coup son fiancé lui a dit : « Viens, on va dans une boîte un peu spéciale, au sous-sol tu vas faire une rencontre du troisième type avec un ovni en forme de cigare… »

Mais le plus grave c'était la transition avec le vieux psy, Georges Chaliapine, là… — je n'arrive jamais à me souvenir de son nom —, qui étudie les comportements sur quinze secondes d'images passées au ralenti. Hier, il nous a le plus sérieusement du monde fait le portrait psychologique de Poutine. Je rappelle qu'autour de la table il y avait Bataille et Fontaine, Sandy Valentino et un bonhomme de dessin animé ! Il nous a montré une image de Poutine dans son club de judo, torse nu après un entraînement et plaisantant avec les autres judokas, comme le font tous les sportifs du monde. Et il nous dit : « Regardez bien, il sourit… » — sous-entendu « Poutine est une fiotte »…

Ensuite, il a déclaré que Poutine était programmé, sans qu'on sache trop bien ce que ça veut dire. Comme il s'agissait d'une émission sur les extraterrestres, on en déduisait que le mot « programmé » signifiait que Poutine venait d'une autre galaxie. Est-ce qu'il vient de la planète Xorb ? Est-ce que le KGB l'a programmé ? En tout cas, l'aïeul psychanalyste nous a assené le coup de grâce en déclarant sur un ton grave : « Je vous rappelle que Poutine dirige le pays le plus armé du monde avec des bombes atomiques. Vous imaginez à quel point c'est dangereux ! »

Et un pseudo-psy sénile qui raconte des conneries à une chanteuse au QI de poulpe et à un dessin animé, sur la chaîne française la plus regardée, c'est pas dangereux ça ?

Je rappelle que ce type-là est par ailleurs le conseiller de Michèle Alliot-Marie. C'est bien pour l'image du RPR, ça va contribuer à renforcer sa crédibilité…

Ce qui est sûr, c'est que « Y a pas photo » est une émission extraterrestre, qui vient d'un monde fascinant mais très dangereux qui s'appelle la « connerie humaine » !

JUIN 2000

Dans « Y a pas photo », on a découvert une vraie sorcière française qui ressemblait à Linda de Suza. Une vraie sorcière donc… Elle a expliqué comment trouver l'homme de sa vie : « Vous prenez un petit pot dans lequel vous plantez des graines de basilic, et chaque jour vous chantez une mélodie à votre basilic, car le basilic est sensible à la musique. Il faut parler à votre basilic, il vous entend !… Et six mois plus tard, vous rencontrerez l'homme de votre vie, avec lequel vous

vous entendrez parfaitement sur le plan sexuel ! » Ça doit être ce qu'on appelle le « Basilic instinct » !

Autre moyen infaillible de conserver l'homme de sa vie : « Vous lui préparez un café et discrètement vous vous coupez le bout du doigt et laissez couler trois gouttes de sang dans le café. Une fois qu'il l'a bu, il sera attaché à vous pour le reste de sa vie. Car il y a dans le mélange sang et café une connotation scientifique… » Et dans ta connerie, il y a une connotation scientifique ?

Ensuite, la sorcière a expliqué concrètement comment faire pour que les vœux se réalisent : « D'abord vous faites le poirier, puis vous posez un ballon dans le "V" réalisé par votre entrejambe. Si ce ballon tient cinq secondes, votre vœu se réalisera. » Puis elle a fait faire le « test de la baignoire » au petit gros des présentateurs. Vous remplissez une baignoire, et dans l'eau vous mettez une dizaine de petits papiers sur lesquels sont inscrits des mots clés comme « chance », « amour », « séduction », « santé », etc. Mais là, on a pas bien compris comment ça marchait, parce que quand le gros est entré dans la piscine, il l'a explosée et l'eau s'est répandue partout sur le plateau ! On se disait que c'était sûrement un coup des sorcières…

NOVEMBRE 2000

« Y a pas photo » était consacrée hier aux complexes. Attention, complexe c'est pas dans le sens « compliqué ». Non, ne vous affolez pas, c'est TF1 ! Complexe, comme d'habitude dans ce genre d'émission, c'est une dame trop grosse, un monsieur trop petit, un autre trop poilu… Bref, les mêmes pauvres gens que l'on peut voir dans « C'est mon choix », chez Dechavanne ou dans « Ça se discute ».

La constante dans ce genre d'émission, c'est l'hypocrisie. La psy dit : « Mais pourquoi êtes-vous complexée, madame ? » L'autre : « Ben quand même, je pèse 165 kg ! » La psy : « Et alors ? Rien d'anormal, c'est vous qui vous faites du cinéma… » Ou alors, comme hier : « Bonjour monsieur, combien mesurez-vous ? » « Ben… 1,57 m. » La psy : « Mais il n'y a aucune raison pour avoir des complexes, les femmes ne regardent pas la taille chez un homme… » Là, dans les yeux du type on lisait : « C'est vrai, les femmes ne regardent pas la taille chez les hommes, d'ailleurs elles ne me regardent pas du tout ! »

Puis Bataille et Fontaine finissent par tomber les masques en demandant : « Mais on doit vous donner des surnoms, non ? » L'autre : « Ben oui, on me dit "Bonjour géant vert", ou bien on m'appelle "nain de jardin" ou "loin du ciel". » Là, tout le public rigolait… Mais le pire restait à venir. Après avoir dit au revoir au nain de jardin, les deux blaireaux qui présentent ont continué : « Restez avec nous, après la pub nous recevrons Marc, qui n'arrive pas à satisfaire son épouse en raison de la petite taille de son sexe… » Et là, gros plan sur la tête du type, enchaîné avec la pub… « Enchaîné » est le mot qui convient : TF1 livre ses victimes enchaînées à la publicité.

Juste après la pub donc, retour plateau, et un grand moment d'ignominie télévisée : « Nous voici de retour avec Marc. » Sous la tête du type s'inscrit : « Marc, 47 ans, directeur commercial. » On comprenait qu'il se préparait des lendemains difficiles, Marc. On devinait les quolibets qu'il lui faudrait affronter, les « salut p'tite bite », les pétasse qui pouffent, les pouffes qui pètent, les blagues des collègues de bureau, les sous-entendus des commerçants de son quartier, le boucher qui lui dit : « y'a plus, j'vous le laisse ? » Ou bien : « j'vous demande pas si vous voulez d'la merguez, je sais que vous avez c'qui faut ! » Revenons à l'émission. Bataille lui demande : « Alors Marc, vous vous êtes rendu compte que vous n'arriviez pas à satisfaire votre femme... pourtant votre couple est solide ? » Marc répond : « Ben oui, ça fait vingt ans que je suis marié avec Sophie et tout allait bien dans notre couple, jusqu'au jour où on a décidé de faire du naturisme. Évidemment, ma femme s'est mise à faire des comparaisons... Du coup elle a eu une première aventure, puis une deuxième... Vous avez compris que le type en a une toute petite et que sa femme découvrant tardivement les joies de l'amour correctement proportionné en profitait avec tous les types du camp de nudistes. Il continue : « En plus c'était humiliant, les types se moquaient de moi lorsqu'ils me croisaient à la supérette du camp. » Vous imaginez les autres : « Tiens, v'là sguègue de colibri ! » Les animateurs l'interrompent : « Bon elle est petite, d'accord, mais petite comment ? » Le type se met à bafouiller : « Ben... c'est surtout qu'elle manque de capitonnage. »

À cet instant, Marc, quarante-sept ans, directeur commercial, venait d'annoncer à la France entière qu'il possédait une quéquette de babouin et qu'il avait décidé d'en avoir une aussi grosse que celle de l'amant de sa femme ! Pour ce faire, il existe une opération qui consiste à prendre un excédent de la graisse des hanches pour l'injecter dans le pénis. Manque de pot, Marc est tout maigre, il n'a pas un poil de graisse sur les hanches ! Donc il a expliqué que depuis deux ans, il se goinfre pour grossir... Au point que ses amis sont choqués de le voir manger comme ça ! Vous imaginez le type qui va dîner chez des amis et qui s'empiffre... « Mais pourquoi tu manges comme ça, Marc ? » « Ben... Parce que j'en ai une toute petite et que je dois me faire injecter de la graisse. » Et les amis quand la soirée est finie : « Bon, on réinvite plus Marc, hein !... » Donc Marc mange beaucoup. Manque de pot — oui, en plus il n'a pas de chance (ce n'est pas logique, normalement il devrait avoir une veine de cocu !) —, plus il mange, plus il prend du ventre et du menton, mais pas un gramme de graisse sur les hanches ! Les animateurs : « Ah bon ? Mais alors qu'est-ce que vous allez faire maintenant ? » « Eh ben, je crois que je vais aller voir d'autres médecins pour ne plus avoir de complexes. »

Moi, je crois que si j'étais Bataille ou Fontaine, à force de présenter des merdes pareilles je finirais par en avoir, des complexes.

JUIN 2001

De la même façon que le duo Jacob & Delafon est le roi de nos cuvettes de W.C., à TF1, les toilettes portent la marque d'un autre duo célèbre : Bataille & Fontaine. Si Bataille & Fontaine rigolent tout le temps, c'est pour désodoriser. Au lieu de s'appeler « Y a pas photo », leur émission devrait s'appeler Wizard. C'est-à-dire qu'au premier abord on perçoit comme un parfum léger, mais derrière on sent bien l'odeur du caca !...

Hier soir, à TF1, les cabinets étaient donc occupés par « Y a pas photo ». Avec un bon vieux sujet bien racoleur, « Le mystérieux et l'irrationnel ». On entre dans le troisième millénaire, mais sur TF1 ils retournent au Moyen Âge. Le temps avance, TF1 recule, comment voulez-vous que...

« Les phénomènes mystérieux et irrationnels ». Bon. Le premier phénomène, c'est quand même la présence à la télévision de Bataille & Fontaine...

Comme d'habitude dans ce genre d'émission, on a assisté au défilé de soi-disant témoins. Des pauvres gens qui souffrent tellement dans la réalité qu'ils s'inventent des fantômes et des apparitions et qu'ils vivent de leurs chimères. Ça a commencé par les apparitions inexpliquées. Ils nous ont ressorti un classique de l'apparition nocturne, la « dame blanche ». Un automobiliste aurait vu, une nuit au bord d'une route, une dame vêtue de blanc. Le lendemain, matin, en repassant au même endroit, elle n'y était plus. Alors il est allé faire une déposition à la gendarmerie. Interview du gendarme sur les lieux, qui dit en montrant le bas-côté de la route : « Voilà, c'est ici que la dame est apparue. » Puis il a cette conclusion incroyable : « Soit c'est une apparition inexpliquée, soit c'est quelqu'un qui se promenait là. » Ah, la vache !...

Remarquez, je me moque, mais il paraît qu'ici même, à la Maison de la Radio, il existe certains phénomènes inexpliqués. Oui, il faut savoir que la Maison de la Radio a été construite sur un ancien cimetière indien... Il paraît que toutes les nuits surgit un fantôme terrifiant, une femme à casquette qui s'assoit à côté d'une lampe de chevet et qui dit : « Bonsoir, c'est Macha... » avec une voix d'outre-tombe. Et au petit matin, elle a mystérieusement disparu. À sa place, on ne retrouve que des crottes de chien...

Revenons à « Y a pas photo ». Arrive ensuite un témoin, M. Patrick Joubert, qui en 1990 a fait construire sa maison. Mais tenez-vous bien, un moineau est venu taper au carreau avec son bec. Là, les deux andouilles : « Ah bon ? Comme dans le film de Hitchcock ? » L'autre : « Exactement. » Vous imaginez le film de Hitchcock avec le piaf qui viendrait picorer à la fenêtre ? Ça le ferait moins... C'était pas tout. Un autre jour, M. Joubert prend un verre de whisky, et soudain le verre s'est fendu en deux et le whisky est tombé par terre. À mon avis, c'était pas le premier verre qu'il prenait, M. Joubert. Et quand il a vu le whisky sur la moquette, pour pas se faire engueuler par sa femme il a inventé l'histoire !... « Avez-vous pensé à faire désenvoûter la maison ? » lui demandent les deux andouilles — comme si c'était parfaitement normal : la maison est hantée, il faut désenvoûter... Un piaf picore à la fenêtre, un verre vous échappe des mains, appelez l'exorciste !... M. Joubert a répondu : « Non, j'ai préféré vendre la maison. » Ah bon ? Sympa, mais les acheteurs ?… « Non non, eux ils n'ont rien remarqué d'anormal ! » Faut dire qu'ils ne buvaient pas non plus…

Ensuite est venue Véra et ses rêves prémonitoires : « J'ai rêvé qu'il y avait trois policiers chez moi et que mes petites culottes étaient étalées. Je me disais “Ah ! zut, j'aurais dû ranger”. Le lendemain matin en me réveillant j'ai rangé mes petites culottes, mais le soir je rentre et comme y avait une fuite d'eau chez moi, y avait trois policiers qui étaient en train de regarder mes petites culottes ! »… Les ravis : « Comment arrivez-vous à différencier rêves normaux et rêves prémonitoires ? » « Facile : les rêves pas prémonitoires sont loufoques. » C'est-à-dire que pour elle, trois flics qui regardent ses petites culottes, c'est pas loufoque !

Puis on a fait venir sur le plateau Jean-Claude Collard, un ancien gendarme devenu guérisseur. Lui, sa femme souffrait de fréquentes migraines nocturnes. Ça veut dire que tous les soirs elle lui disait : « Non chéri, j'ai mal à la tête »… Un jour, dit-il, il a trouvé son troisième œil, a posé sa main dessus et les migraines de son épouse ont complètement disparu. Et il ajoute cette chose incroyable : « Dès que j'enlevais ma main de son troisième œil, ses migraines revenaient immédiatement ! » Alors si un ami de M. Collard pouvait lui expliquer que ce n'est pas un œil, ça porte un autre nom…

Enfin, un monsieur dont l'histoire était triste puisqu'il avait perdu un bébé, et qui avait eu l'idée de mettre une cassette à côté de son lit. Le lendemain il y avait dessus un message de son fils. Le fait que ce soit une voix de vieillard ça ne l'a pas surpris : c'était bien son fils qui lui parlait, même s'il avait la voix du Père Fouras !... Vous savez ce que lui demandait la voix ? D'arrêter de picoler et d'emmerder sa femme ! On imagine l'épouse la nuit, pendant que l'autre ronfle, qui sur un minicassette prend une voix de vieillard pour dire « Tu dois arrêter de boire et être gentil avec ton épouse »...

C'est là que l'un des animateurs de « Y a pas photo » a eu cette phrase définitive : « D'après les scientifiques, on utilise qu'une toute petite partie de notre cerveau. » Ce fut la seule vérité de la soirée !

JUIN 2001

J'ai regardé hier la dernière de « Y a pas photo », constituée d'un « best of » des témoignages de l'émission. On a revu notamment cette dame qui se prétend sorcière et qui affirme qu'au Vietnam, on dit que pour avoir un garçon il faut faire l'amour le mercredi et le vendredi, tandis que pour avoir une fille c'est le jeudi et le samedi. Vous allez me dire qu'il reste le lundi. Eh bien oui, mais le lundi c'est le jour de « Y a pas photo », donc le Vietnamien passe la soirée aux cabinets.

SEPTEMBRE 2001

Hier les deux ravis de la crèche consacraient leur émission aux médecines parallèles. Comme ils ont déjà traité le sujet vingt-sept fois, ils vont de plus en plus loin dans la connerie. C'était hallucinant. On a d'abord eu droit à un voyant qui lit l'avenir dans les chaussures. Les gens enlèvent une de leurs chaussures, il la tripote et vous dit de quoi vous souffrez. Il disait : « Je sens… » « Qu'est-ce que vous sentez ? » Il avait la chaussure sous le nez : « Je sens… » On avait l'impression qu'il allait dire : « Je sens que vous souffrez de transpiration pédestre »… Mais non, il disait deux, trois généralités du genre « vous êtes anxieux », « vous faites un petit peu d'allergie » ou bien « vous avez parfois mal au dos »… Statistiquement, il ne prenait aucun risque. Si. À un moment, il a été un peu plus précis. Une dame du public enlève sa chaussure et la lui tend. Là, inutile d'être extralucide pour voir où se situait son problème puisque sa cheville ressemblait à un jambon de Parme… Et l'autre qui nous prend pour des cons et commence à tripoter la chaussure : « Je sens, je sens… que vous avez un problème à la cheville !… » La dame : « Oui, je fais de la rétention d'eau. Comment vous avez trouvé ? » Et les deux andouilles de présentateurs qui font semblant de s'extasier : « C'est extraordinaire ! Bravo ! » Ils lui ont demandé comment il faisait, il a dit : « Je sens la chaussure, j'ai des images qui passent et des phrases qui sortent… »

Après la pub, Bataille & Fontaine nous ont emmenés chez les animaux guérisseurs. D'abord la guérison par « apposition du crapaud ». Un type soignait des gens souffrant de difficultés intestinales, qui s'allongeaient et sur le ventre desquels le praticien posait un crapaud. Après, nettement moins drôle, ils ont carrément annoncé que les abeilles amélioraient l'état des gens atteints de sclérose en plaques. Une belle saloperie, du même niveau que celle d'Élisabeth Tessier annonçant la guérison du sida en 1987…

Ensuite il y a eu « les plaies du pied traitées au ver blanc ». Un type mettait plein de petits vers blancs dans sa chaussure et marchait dessus toute la journée : la purée ainsi obtenue soignait ses plaies… Puis « le serpent qui guérit ». Si vous avez mal à la tête, il vous suffit de vous faire poser un python en rond sur le crâne et votre migraine disparaît ! Ça fait des économies d'aspirine. Mais bon, il faut avoir un python sous la main… Il expliquait que si vous prenez un serpent dans la main, ça « dégage une énergie ». Mais gare ! il faut faire attention à ce que le serpent ne crache pas son venin trop tôt, sinon ça ne sert à rien. Beaucoup de femmes ont déjà vérifié ça…

Pour finir on a eu droit à un spécialiste du chi-qong et à un type appelé Dany Dan qui soulage grâce à l'hypnose. Je me demandais où j'avais déjà vu ce thérapeute qui expliquait comment s'auto-hypnotiser… Vous regardez votre main, vous soufflez dedans et vous l'envoyez à dix mètres de là s'accrocher à quelque chose ! Le type annonçait froidement qu'il soignait grâce à ses conneries… Et c'est là que je me suis souvenu où je l'avais vu : dans le *Guide du Show-Business*, il y a sa photo sur une pleine page avec ce texte : « Dany Dan, spectacle d'illusions pour toutes occasions, mariages, communions, comités d'entreprise » ! C'est juste ça, la télévision : un spectacle d'illusions.

LETTRES MATINALES

LETTRES MATINALES

Lettre à Monsieur Jacques Chirac, président de la République française

4/9/2001

Monsieur le Président,

L'actualité a été dense cet été. La mondialisation, la Palestine, le programme présidentiel de François Bayrou... Non, là je plaisante, c'est pour vous détendre un peu. Car ce qu'on retiendra de cet été 2001, c'est que le président de la République française, en slip avachi dans un premier temps, puis totalement nu un peu plus tard, a observé à la jumelle depuis le fort de Brégançon des Suédoises alanguies sur un yacht comme celles qu'on voit sur les reportages hypocrites pour sénateurs libidineux du *Figaro Magazine*.

Avant d'en venir aux raisons de cette scène, il subsiste un mystère technique. Comment êtes-vous passé du stade slip avachi à celui de plus de slip du tout ? Était-ce un de ces matins où comme les enfants, d'humeur guillerette vous vous êtes mis à sautiller sur le lit, pour faire glisser le slip le long de vos jambes, ceci d'autant plus facilement qu'il était avachi, puis après l'avoir tenu accroché un instant au gros orteil vous avez shooté, l'envoyant se suspendre au cadre de la photo du Général sur le mur de la chambre de Brégançon ?... Après cet instant de détente bien compréhensible compte tenu de vos responsabilités, vous êtes de nouveau sorti observer les blondasses à la jumelle, cette fois-ci totalement nu.

Mais venons-en aux raisons de cette scène. Écartons tout de suite l'étourderie tant il paraît inconcevable qu'un président de la République se promène la quéquette à l'air, sachant qu'il est épié en permanence par une centaine de photographes du monde entier.

D'aucuns défendent la thèse lacanienne selon laquelle par cet acte vous auriez tué le père. Il est vrai qu'on imagine mal le Général, tel qu'en lui-même, à Colombey, écartant d'un geste auguste les lourds rideaux de La Boisserie, avec son képi étoilé, sa veste avec les médailles, et le machin à l'air... non... c'est inconcevable.

Ce qui est sûr, c'est qu'il s'agit d'une scène préméditée, longuement étudiée avec vos conseillers en communication.

Car l'idée force de vos conseillers, c'est « Chirac est sympa », capable de s'empiffrer une tête de veau accompagnée d'un litre de bière mexicaine en racontant des histoires de putes à jambe de bois... Ça c'est un vieux truc en politique, le président sympa. Ça a commencé par Giscard jouant au foot à Chamalières avec tous les membres du conseil municipal qui lui faisaient des passes et l'autre tout raide qui tirait des pointus, ça partait dans tous les sens, il cassait les carreaux de la cantine, il a perché deux ballons dans les marronniers, il a déniché un hibou qui est parti en hululant. Mais le plus drôle dans le genre « président sympa » est sans conteste Balladur, lorsqu'il a affirmé chez Drucker qu'il adorait faire du roller. Et honnêtement, je préfère vous voir en slip avachi plutôt que de voir Balladur en patins à roulettes !

Ça me rappelle une histoire de colo de vacances. Le moniteur gardait l'argent de poche des colons, on appelait ça « les fonds secrets », ils servaient à faire des cadeaux en fin de séjour. Eh bien un jour, un gamin piqua dans les fonds secrets... Quand on le croisait, on disait : « Tiens, v'là celui qui a piqué dans les fonds secrets. » Alors il a eu une idée géniale : pendant la sieste, il s'est baladé dans les dortoirs le zizi à l'air, et après on disait : « Tiens, v'là le gars qui a montré son zizi », et tout le monde l'aimait bien...

Mais je ne sais pas pourquoi je vous raconte tout ça, monsieur le Président, ce ne sont que des enfantillages.

Lettre à Philippe Risoli, qui vient de perdre son emploi

5/09/2001

Cher Monsieur Philippe Risoli,

Ceci est une lettre d'excuses. Depuis plusieurs années, j'ai cru bon de vous brocarder en soulignant votre espèce de condescendance à animer ces jeux populaires du bout des lèvres, et cette insistance à dire « Moi je suis un artiste, mon truc c'est la musique, mais qu'est-ce que vous voulez, c'est TF1 qui m'oblige à présenter des jeux ! »

Dorénavant, TF1 ne vous oblige plus à présenter des jeux. Vous allez avoir tout le loisir de vous consacrer à votre passion, la musique, afin de nous offrir un deuxième disque meilleur encore que le premier — qui s'appelait, rappelons-le, *Cuitas les bananas*, et que les critiques les plus indulgents et nuancés ont qualifié de « grosse daube ».

Bon, jusque-là c'est vrai que ce n'est pas une lettre d'excuses. Mais attendez la suite…

Donc jusqu'à présent, je ne vous aimais pas. Mais aujourd'hui, j'imagine ce qui vous attend. Les animations de « Halles aux chaussures » sur les rocades, cerné de beaufs aux T-shirts *Iron Maiden* trop courts qui vous demanderont : « Hé Risoli, tu t'les es faites les gonzesses du "Juste Prix" ? » Et, comble du néant télévisuel, je suis sûr qu'on viendra vous demander si vous connaissez Aziz !…

Et puis vous allez commencer à vendre des publicités gériatriques de la Norwich Union, de la colle Polident, du Sanibroyeur SFA. Comme votre ami Laurent Cabrol qui dit à son pote : « Toi qui aimes la technique, j'vais t'montrer un truc extraordinaire… » L'autre le suit pensant découvrir une merveille de technologie. Arrivé chez lui, Cabrol lui montre un radiateur mural ! Forcément, son pote est déçu ! C'est comme Christian Morin dont le copain devient sourd et à qui il conseille d'aller acheter un Audiozoom de Phonax : l'autre il était peinard, il demandait rien à personne… Maintenant avec l'Audiozoom il vient de découvrir la façon dont Morin joue de la clarinette ! Et en plus il peut vous entendre, cher Philippe Risoli, chanter *Cuitas les bananas* !… Merci, Audiozoom de Phonax !…

Un jour j'ai vu à la télé une émission qui s'appelait « État d'urgence », consacrée à un couple de chômeurs vivant en HLM à Limoges et qui venait de gagner au Millionnaire. On les suivait dans leur voyage à Paris pour faire tourner la roue, et, à leur arrivée dans la chambre du palace, ils étaient tellement intimidés qu'ils parlaient tout bas comme s'ils avaient peur de déranger. La salle de bains était tellement luxueuse que la dame en pleurait d'émotion… Et on se surprenait à être heureux pour eux que la roue s'arrête sur 600 000 francs ! Alors la télé réveillait en nous des sentiments oubliés, de la tendresse, des envies de partage, de la joie tout simplement. Et quand la petite dame s'est pointée timidement avec son carnet d'autographes devant vous, Philippe Risoli, sans même un regard vous lui avez dit avec mépris : « Pas maintenant ! » Je suis sûr que cette petite dame vous aime toujours. Peut-être que le jour où vous irez inaugurer un magasin Fly sur la rocade de Limoges, elle sera là. Et sans le vouloir, elle viendra vous crucifier en vous demandant : « Mais qu'est-ce que vous devenez, on ne vous voit plus ? »

Si ça peut vous rassurer, dites-vous bien que pour un comédien, un chanteur, un peintre, bref un artiste, ça doit être terrible d'être un *has been.* Alors que votre gloire ne reposait sur rien, juste votre tête à la télé avec trois blondasses qui prenaient des poses devant des robots ménagers… Vous n'êtes donc pas un *has been*, vous êtes un *« has never been ».*

Voilà pourquoi, en attendant avec impatience la sortie de votre deuxième disque, je vous réitère, monsieur Risoli, toutes mes excuses.

Post-scriptum : si vous vous ennuyez en fin de matinée, regardez les jeux de TF1, vous verrez à quoi vous venez d'échapper !

Lettre à Loana, qui vient d'écrire ses Mémoires

6/9/2001

Chère Loana,

Tu as annoncé dans la presse que tu allais écrire tes Mémoires. Laisse-moi te dire que tu te prépares des jours difficiles, comme disait Audiard « des nervouzes breakdaounes ». Car je les entends déjà rigoler, tous ceux qui disent que « Les Mémoires de Loana » seront à la littérature ce que Chevènement est au général de Gaulle.

La littérature elle en a vu tellement d'autres, depuis le bouquin de Danièle Gilbert, *Je reviendrai,* jusqu'à celui de Jean-Claude Bourret intitulé *Ovnis 1999, le contact,* dans lequel, rappelons-le, il affirmait que les extraterrestres allaient débarquer. Il avait écrit ce livre après avoir lu Nostradamus qui certifiait qu'un grand roi descendrait du ciel en 1999. Au moins, on a déjà acquis une certitude : ce n'est pas le roi des cons qui devait arriver en 1999, puisqu'il était déjà là pour écrire ce livre. En tout cas les extraterrestres, non seulement ils ne sont pas venus, mais en plus ils nous ont gaulé l'argent de la 5 !

Tu vois Loana, la littérature elle en a vu d'autres... Tiens, pas plus tard qu'hier soir sur France 2, où Guillaume Durand remplaçait Bernard Pivot. Et le coup de grâce pour cette pauvre littérature en cette rentrée 2001 : Yves Simon sort un nouveau bouquin.

Alors qu'on te laisse écrire tes Mémoires tranquille, chère Loana. Évidemment, une question se pose. Que vas-tu pouvoir raconter ? Tu as vingt-quatre ans, ce qui est, convenons-en, quelque peu prématuré pour écrire ses Mémoires. Mais surtout, la France entière t'a vue vivre vingt-quatre heures sur vingt-quatre pendant soixante-dix-sept jours, y compris dans ton intimité la plus aquatique… On t'a vue pleurer au confessionnal, te faire vomir dans les toilettes, téter ton biberon pendant des heures et déprimer avec ta peluche dans les bras…

En ce qui concerne ton passé, ta maman, sur les conseils d'Arthur, a tout raconté à *Paris Match*, y compris l'histoire de ta petite fille abandonnée. Le même Arthur conseillant la semaine suivante à ta maman d'attaquer *Paris Match* afin de percevoir des dommages et intérêts !

De plus, sur le plan littéraire, c'est vrai qu'on est un peu inquiet dans la mesure où tu es entrée dans le Loft avec un seul bouquin, *Super Picsou magazine*.

Tu vas publier les journaux intimes que tu tiens depuis l'âge de dix ans. *Paris Match* nous dit qu'ils ont des couvertures à fleurs et se ferment avec ces petites clés qui ne servent à rien. Pareil pour ton âme. Tes clés ne servent à rien, tout le monde est venu y faire un tour. Mais personne n'y a laissé les petites fleurs que tu espères depuis toujours…

Il paraît que le dernier jeu à la mode dans les dîners en ville de certains enfoirés de la jet-set consiste à parier sur la date de ton suicide. Si cela devait arriver, n'oublie pas d'écrire sur le mur avec ton sang : « Arthur m'a tuer ».

Lettre à Gilbert Bourdin, gourou mort

7/9/2001

Aujourd'hui, les pouvoirs publics procèdent à la démolition, à Castellane, de la statue de la secte du Mandarom, dont Gilbert Bourdin était le gourou.

J'ai donc décidé de lui écrire pour lui raconter un peu ce qui se passe. Vous allez me dire, il est mort. Oui, mais il affirmait qu'il se réincarnerait aussitôt. Donc, si vous voyez un bonhomme chauve et rougeaud qui ne raconte que des conneries, c'est Gilbert Bourdin... ou André Santini — méfiez-vous quand même ! Voici la lettre :

Mon cher Gilbert Bourdin,

Bon déjà, Gilbert Bourdin, c'est pas terrible comme nom de gourou. C'est comme Mandarom comme nom de secte, ça fait pas sérieux. Pourquoi pas la secte « Mironton » ou « Barjabule » ?... Non, on y croit pas... En plus hier, la télé a diffusé des images d'archives. Le look c'était pas ça non plus, mon pauvre Gilbert. Tu t'habillais en toréador et tu étais coiffé d'un chapeau à clochettes comme les bouffons.

Franchement avec tout ça, pour s'inscrire au Mandarom, fallait vraiment être au bout du rouleau. Eh bien, tu en as trouvé trois cents dans le monde entier ! C'est les mêmes qui avaient acheté la bague de Ré de Danièle Gilbert. Trois cents adeptes donc, qui, on l'a vu hier à la télé, s'opposent à la destruction de la statue.

Ce qu'on peut dire, mon cher Gilbert, c'est que ta statue, elle risquait pas d'être classée patrimoine de l'humanité comme les bouddhas d'Afghanistan. Pour ceux qui n'ont pas vu les images à la télé, imaginez un Goldorak en meringue de 30 mètres de haut censé te représenter, Gilbert, avec au milieu du front une lampe de fête foraine qui symbolise le diamant de ta puissance spirituelle. La nuit, elle était éclairée d'un laser de boîte de nuit des années 1980. Quand on la voyait clignoter dans la nuit provençale, on avait l'impression qu'elle allait se mettre à chanter : « Je danse le Mia ! »

À cet instant de ma lettre permets-moi, cher Gilbert Bourdin, de résumer un peu ton parcours.

À l'origine facteur martiniquais, tu viens en métropole fonder ta première secte, « Le Lotus d'Or ». Au départ tu voulais l'intituler « Tintin et les Picaros », mais c'était déjà pris. Prenant conscience du ridicule de ton patronyme, tu te fais appeler Hamsananda Sarasvati, ce qui signifie « félicité absolue ». D'ailleurs l'hymne religieux de la secte du Mandarom s'intitule « Félicité absolue ». C'était très beau… Toi Gilbert, tu commençais à chanter : « Il faisait un temps superbe, je me suis assis sur l'herbe », et tes disciples répondaient : « Félicité absolue ! »…

En 1990, tu ceins la tiare du diamant cosmique et tu te proclames « Messie cosmoplanétaire ». Bon, tu aurais bien aimé rajouter « Le roi de l'univers » mais c'était déjà pris par Albator ou Capitaine Flam, je ne sais plus. Tu en fus fort marri…

Venons-en, mon cher Gilbert Bourdin, oui on reste sur Gilbert parce qu'après tu as encore changé de nom, tu t'es appelé Hamsa Manara. Ça veut dire « synthèse absolue », et c'est vrai que comme disait Michel Audiard, « À ce stade c'est plus de la connerie, c'est une synthèse ». Venons-en donc à ton enseignement. Tu invites tes fidèles à se purifier — dans ton langage tu disais « pour éveiller le shakti du pravana en soi-même ». Tes fidèles devaient réciter le mantra « Aum » quinze mille fois par jour. Quand le disciple l'avait récité 300 millions de fois, il montait en grade et devenait « transmetteur divin exceptionnel et transcendantal ». L'équivalent d'agent de maîtrise, coefficient 300 dans la convention collective de la métallurgie. Je me souviens d'une émission de Dechavanne dans laquelle on te voyait Gilbert, avec ton bonnet à clochettes, assis sur un trône lui-même posé sur une peau de léopard, avec la tête de la pauvre bête devant, les yeux exorbités, et entouré des offrandes de tes disciples. Je me souviens qu'on voyait des fruits et... des boîtes de Pépito. Ça, le Pépito, c'était ta faiblesse. Tu le reconnaissais volontiers, et ça t'aidait à tuer le lémurien, qui constituait ta principale activité.

Au début, je croyais que les lémuriens étaient de gentils animaux qui ressemblaient à des peluches pour enfants. Pas du tout, d'après toi, Gilbert, ce sont des morts qui viennent tourmenter les vivants ! Et toi, rien qu'avec la seule force de ta pensée tu étais capable de les tuer. Donc de tuer un mort... Euh... là je suis un peu perdu...

Mon pauvre Gilbert. Aujourd'hui ils vont détruire ta statue merdique devant une centaine de paumés vêtus d'un ciré orange pour faire bonze, avec autour du front un bandeau orné de bouts de miroir. Tout ça prêterait à rire si au même moment, à Belfast, des fillettes ne pleuraient pas sous les insultes en allant à l'école, au nom du fanatisme religieux…

Sois tranquille Gilbert, ta statue va tomber aujourd'hui, mais la connerie sectaire et fanatique est debout, et pour encore longtemps.

Lettre à Mesdames et Messieurs les responsables des Verts

7/9/2001

Mesdames et Messieurs les responsables des Verts,

Enfin « responsables », c'est peut-être beaucoup dire. Disons Mesdames et Messieurs les dirigeants des Verts.

En ma qualité d'électeur écolo, je vous écris pour vous faire part d'un doute qui soudain m'effleure. Oh, trois fois rien, juste une légère inquiétude, un soupçon de perplexité, un voile d'appréhension. Bref, pour vous dire les choses avec le sens de la nuance qui me caractérise, je me demande si votre candidat à la présidence ne serait pas un gros naze.

Je parle de M. Lipietz. Vous remarquerez que je prononce Lipièèètz pour bien montrer que je n'ai rien contre lui. Car ceux qui ne l'aiment pas disent « Lipitz », comme ceux qui n'aimaient pas Mitterrand prononçaient « Mitran », ceux qui sont contre Maastricht disent « Massetrict » et ceux qui n'aiment pas Stéphane Paoli prononcent « Olivier Mazerolle ».

Chers dirigeants des Verts, admettez que le nom de votre candidat ne va pas aider. Vous allez avoir droit à toutes les vannes du genre « Lipietz, retour vers l'enfer » ! Tiens, je suis sûr que notre ami Bruno Masure va nous sortir « Avec Liébig les Verts sont dans le potage !... »

Autre problème, le look. Honnêtement, la première fois que j'ai vu M. Lipietz à la télé, j'ai cru que c'était Jean Rochefort dans *Le mari de la coiffeuse*.

Cela dit, rien ne prouve qu'un physique de garçon coiffeur soit un handicap à une élection. Non, là où j'ai un peu peur, et je vous écris pour que vous me rassuriez, c'est que j'ai l'impression que vous-mêmes, dirigeants des Verts, n'y croyez pas. Et que votre seule préoccupation est d'atteindre 5 % des voix pour être remboursés des frais de campagne.

Je suis d'autant plus inquiet que je fais partie d'une génération dont les engouements politiques ont été quelque peu échaudés. Maoïste en mai 68 — oui je sais, comme Gérard Miller —, j'applaudis alors la Révolution culturelle. Résultat : un million de morts. Du coup, je deviens pacifiste et participe à des manifestations demandant le retrait américain du Vietnam et du Cambodge. Résultat : les Khmers rouges, paf ! Encore un million de morts. Ensuite, « Génération Mitterrand ». Et là, on apprend que Tonton demandait à Élisabeth Tessier quel jour il devait envoyer les avions dans le Golfe et qu'il mettait Marthe Mercadier sur écoute !… Faut dire que sur la fin, le vieux n'avait plus sa tête, mais quand même ! Marthe Mercadier, dont la seule activité subversive a été de tourner une publicité pour Javel La Croix dans laquelle elle terrifiait des bambins en leur arrachant les jouets des mains et en éructant : « Moi, je désinfecte tout à l'eau de Javel ! »

Kennedy mettait Marilyn sur écoute, nous en France on met Marthe Mercadier sur écoute. Et quand un candidat voyage avec « Air Force One », c'est pas un avion supersonique bourré d'électronique, c'est Bayrou avec son bus qui fonctionne au colza !...

Donc, quand j'appris que Mitterrand avait mis Marthe Mercadier sur écoute, mes convictions socialistes furent ébranlées, et je devins écolo. Là aussi, vous avouerez que vous ne m'avez rien épargné. Au début, il y eut Brice Lalonde, le Jean-Pierre Soisson de l'écologie. Un type qui changeait tellement de camp que j'avais toujours un temps de retard !... Ensuite, il y eut Antoine Waechter. Bon lui, il n'était pas opportuniste, mais imaginez ma déception le jour où j'ai appris que ce type qui manifestait contre les déchets des usines de matière plastique avait des cheveux en PVC ! Puis il y eut Dominique Voynet, qui jurait qu'elle ne serait jamais ministre et qui le fut aussitôt avec brio, arrivant en retard sur le lieu des catastrophes écologiques, se faisant rouler dans la farine pour les OGM et ne semblant préoccupée que par des problèmes de stratégie et de communication. Quant à Cohn-Bendit, lui s'en fout complètement, il joue au foot et mange des gâteaux au shit !...

Alors, chers dirigeants des Verts, je vous en prie, rassurez-moi vite. J'entends déjà Jean-Marie Messier qui rigole...

Lettre à Philippe Séguin, qui a changé de look

11/09/2001

Cher monsieur Philippe Séguin,

À chaque rentrée, on constate dans le monde médiatique un certain nombre de changements de look destinés à marquer une volonté précise.

Cette année, par exemple, Thierry Ardisson a changé de coupe de cheveux et n'a plus cette raie impeccable sur le côté qui reste l'apanage du seul Alain Duhamel. Signalons qu'il n'existe plus qu'un seul coiffeur sachant exécuter une raie pareille — dite « raie Duhamel » —, qui fut au top de la mode capillaire à l'automne 1956. En ce qui concerne Thierry Ardisson, ne vous affolez pas : il n'y a que le look qui a changé. Pour le reste, il continue à demander à ses invités avec sa délicatesse habituelle si « sucer c'est tromper » !

Autre changement de look de la rentrée, Guillaume Durand. Pour remplacer Pivot, il porte des lunettes cerclées de couleur comme en portait Laurent Ruquier. Ruquier lui, il porte de petites lunettes carrées comme en portait Pivot. Cherchez l'erreur…

Et puis, changement surprenant, Jean-Marie Cavada est revenu de ses vacances jamaïcaines avec de magnifiques dreadlocks, un étrange bonnet de laine vert et jaune et une bonne humeur permanente…

Quant à vous, cher Philippe Séguin, je vous ai vu à la télévision ces jours derniers, portant une barbe et des Ray-Ban. Cette image nouvelle a alimenté nombre d'articles de journalistes politiques dans la presse, qui analysaient votre nouveau look. Il n'ont pas dit un mot de vos projets politiques, mais la télé est ainsi faite : l'image prime l'idée.

On vous trouve une ressemblance nouvelle avec Jean Yanne… Moi, vous me faites plutôt penser à un capitaine de bateau de luxe qui navigue dans les Caraïbes. Quand on vous voit arriver, on a l'impression qu'on va entendre le générique de *La croisière s'amuse* : « Love, etc. » Pourtant, très vite on devine que le changement va bien au-delà…

D'habitude, quand on voit les comédiens avec une barbe nouvelle, c'est pour jouer un rôle. Vous, c'est l'inverse. On dirait que vous avez décidé de ne plus jouer de rôle. Il faut dire que la dernière fois, à Paris, vous avez été victime d'une erreur de casting…

Ce changement d'apparence signifie que vous ne voulez plus jouer. À cet égard, les images vues hier soir à la télévision d'un congrès quelconque du RPR avec le retour de Sarkozy était édifiantes… Un Sarkozy survitaminé à la tribune qui soudain, en vous désignant d'un index terrible, déclare : « Et nous aurons aussi besoin de toi, Philippe ! » Dans cette fausse exhortation, on comprenait qu'il avait pris votre place… Il disait : « Nous avons besoin de toi », et tout le monde entendait : « Toi, tu es mort Philippe ! » Et ce doigt tendu vous donnait le coup de grâce…

Vous n'avez même pas, pour la galerie, fait semblant de partager cette fausse fraternité. Vous sembliez rêveur, ailleurs, on vous devinait des besoins d'autre chose, raconter Napoléon III à des étudiants canadiens, applaudir une reprise de volée de Ronaldino au Parc des Princes, sentir les odeurs d'une arrière-cour tunisienne où vous jouiez enfant... Comme si, revenu des ambitions majuscules, vous découvriez les bonheurs minuscules et *La première gorgée de bière* de Philippe Delerm. Alors le bonheur vous attend... Car où y a Delerm, y a pas de larmes !...

Lettre aux basketteuses françaises championnes d'Europe

24/9/2001

Mesdemoiselles,

Je vous ai vues hier, à la télévision, remporter la finale du championnat d'Europe de basket. Et en ces temps où l'on a du mal à respirer, sans doute à cause des poussières de gravats, ce fut comme une bouffée d'oxygène.

Comme disait Don Patillo : « Oh, ce n'était pas grand-chose, Seigneur », juste une dizaine de filles avec les remplaçantes qui chantaient leur bonheur d'avoir gagné, après s'être entraînées pendant des années pour atteindre le haut niveau, au prix du sacrifice des fêtes de leur jeunesse. On imagine des soirs d'hiver à partir s'entraîner au lieu d'aller en boîte avec ce type si mignon de la fac, pour aller s'imposer des séries de mouvements aux limites de l'épuisement, « Allez, encore cinq Delphine ! »...

La dernière fois où l'on en vit une dizaine exploser de joie, c'était il y a deux mois, lorsque M6 nous montra une bande de crétins qui pour tout exploit venait de se faire observer par la France entière pendant deux mois à ne rien faire, ne rien penser, juste manger, dormir, parler de cul et pisser dans la piscine...

Alors les filles, même si votre gloire est toute relative — personne ne connaît un seul de vos noms, alors que la France entière se souvient que c'est Delphine du Loft qui a demandé : « C'est qui qu'a pété ? » —, hier après-midi devant nos télés, nous partagions ces moments de bonheur avec vous… Lorsque arriva la fausse note, la mouche dans le lait, le sapin désodorisant accroché au rétroviseur d'une Ferrari. L'une d'entre vous, s'adressant au cameraman de France 3, lui demanda de filmer votre chant de guerre. Comme on sait que généralement les hymnes des équipes sportives sont affligeants, on ne s'attendait pas à un chef-d'œuvre. Mais là, ce fut terrible. Vous regroupant au centre du terrain un peu comme une mêlée de rugby, vous vous êtes mises soudain à hurler du Pierre Bachelet… sur un rythme techno !

Pour les plus jeunes, rappelons que Pierre Bachelet était un imitateur des années 1980, mais qui n'avait qu'une seule imitation à son répertoire : Jacques Brel. Pour les gestes ça allait, mais pour les textes il n'y est jamais arrivé… Tout ça pour vous dire que du Pierre Bachelet, même chanté juste c'est brutal, mais là, hurlé faux, c'était insupportable…

Et pourtant on vous pardonnait, on s'en foutait, on se prenait même à chanter avec vous cette version techno des *Corons*, et on détestait France 3 qui voulait rendre l'antenne pour des questions de délai. Eh oui, la pub n'attend pas ! Là, comme c'était dimanche, ils avaient prévu de diffuser la pub Flunch avec la famille de cons qui hurlent dans leur voiture qu'ils vont « fluncher » sur une musique de Gilbert Montagné. Ils sont contents, car comme dit le papa qui conduit : « En ce moment chez Flunch, c'est la semaine couscous à volonté à 39,95 francs ! » Vous avouerez qu'il y a effectivement de quoi chanter !

Donc France 3 allait nous priver de la cérémonie protocolaire, lorsque M. Jospin passa par là. Vous pensez bien que ça a fayoté en régie… Les commentateurs ont soudain annoncé : « Ah ben, finalement, on peut garder l'antenne !… »

Le Premier ministre a commencé par s'excuser, en expliquant qu'en cette période tragique on pourrait lui reprocher d'être là, mais que c'était une promesse qu'il vous avait faite, les filles. On imaginait que Debré ou Devedjian allaient la ramener sur la présence de Jospin en ces lieux à quelques jours d'une attaque programmée sur l'Afghanistan… Mais nous, on ne lui en voulait pas. S'il était là au lieu d'être en réunion avec quelque état-major, c'est que les choses n'allaient peut-être pas si mal. Et qu'en tout cas, merde, c'était dimanche et qu'il serait toujours temps de retourner dans les problèmes lundi matin… De la même façon que les enfants vont s'amuser le dimanche alors qu'ils ont des devoirs à faire, on peut considérer que Jospin allait s'amuser alors qu'il avait son devoir à faire !

Mais en ces temps où on avait tous beaucoup de mal à apprendre nos leçons, c'était comme une parenthèse enchantée… Et juste après vous, les filles, c'est comme si une voix nous disait : « Profitez-en bien, parce que demain vous allez en chier à l'école ! »

Lettre à Monsieur Desmarest PDG du groupe Total

25/9/2001

Cher Monsieur Desmarest,

Je voudrais vous raconter une publicité télévisée. On y voit une jeune fille qui pleure dans sa voiture, elle est malheureuse, mais l'histoire ne dit pas pourquoi. On lui imagine un amour enfui, ou peut-être la trahison d'une amie, ou toutes ces petites choses de la vie qui peuvent nous donner envie de pleurer. Peut-être qu'elle vient de voir Giscard à la télévision annoncer qu'il n'excluait pas d'être candidat à la présidentielle, ou tout simplement qu'elle vient d'entendre dans son autoradio Mme Liane Foly hurler sa dernière chanson *Être vrai* — une chanson qui nous dit qu'il faut être vrai, se montrer tel qu'on est, une chanson que Liane Foly a enregistré juste après sa vingt-septième opération de chirurgie esthétique…

Bref, on ne sait pas pourquoi, mais la jeune fille est malheureuse au point qu'elle reste là, immobile dans sa voiture, à pleurer. Et puis tout à coup, on voit un monsieur qui passe une raclette sur le pare-brise juste au moment où la fille essuie ses larmes. Et on voit dans leurs regards que ce synchronisme les étonne et les émeut… Mais voici qu'à nouveau la fille pleure. Alors le monsieur, bien que le pare-brise soit sec, repasse la raclette comme s'il essuyait symboliquement les larmes de la jeune fille, et ce geste de tendresse et de complicité la fait enfin sourire…

À cet instant, une voix off conclut en disant : « Total, vous ne viendrez plus chez nous par hasard. »

Hier soir au journal de TF1, on voyait une autre jeune fille qui pleurait et qui racontait qu'elle roulait sur la rocade à Toulouse lorsque l'explosion de vendredi dernier souffla sa voiture.

Depuis, disait-elle, je n'arrête pas de pleurer. Elle ressemblait à la fille de la publicité, il y avait juste une petite différence : son visage à elle n'était qu'une plaie. À cet instant, j'ai cru entendre une voix off qui disait : « Total, vous viendrez chez nous… même par hasard. »

Cher Monsieur Desmarest, vos publicitaires ont décidément plus de talent que vos services de sécurité. Ils n'ont pas le même budget non plus…

Dans le même journal télévisé, le préfet a dit que l'accident par négligence était sûr à 99 %. Depuis l'accident, certains cyniques et corrompus à votre botte jouent sur le 1 % restant pour faire un amalgame ignoble avec New York. Vous savez que ça n'a rien à voir. Vous n'êtes pas un fou fanatique en turban, vous êtes un type en costume trois-pièces qui planifiez la mort lors d'assemblées générales où vous jouez votre place devant des actionnaires à qui vous montrez un compte d'exploitation sur un paper-board faisant apparaître une diminution des coûts. La voilà, la réalité : un paper-board dans un conseil d'administration faisant apparaître une diminution des coûts !

Et la petite dame qui pleure à Toulouse, il faudra bien l'indemniser ! Vous n'avez aucune inquiétude à ce sujet, car il ne s'agit pas d'une charge d'exploitation. Ça s'appelle une « provision pour risques », et c'est déductible de l'impôt sur les sociétés.

Jusqu'à présent, Monsieur Desmarest, avec l'*Erika* vous étiez un tueur de cormorans et de sardines. Il n'y a que Dédé du même nom que vous avez protégé. Mais aujourd'hui, vous avez des vies humaines sur la conscience. Et ceux qui essuient les larmes des jeunes filles qui pleurent dans les voitures à Toulouse ne sont pas vos pompistes. Ce sont à chaque fois des hommes dignes et solidaires, les mêmes qui allaient passer leur dimanche à gratter des rochers, et qui aujourd'hui apportent des couvertures à des Toulousains sans fenêtres. Alors il vous reste le chantage à l'emploi. Si on vous embête, vous allez vous installer à l'étranger. Et ça, c'est imparable. Vos employés qui me maudissent en me lisant le savent. Alors j'arrête là.

En plus vous connaissez des terrains pas chers en Italie, à Seveso ou en Inde, à Bhopal. Parce que chez Total, « on n'installe pas ses usines par hasard »…

Lettre au président Valéry Giscard d'Estaing

26/09/2001

Monsieur le Président,

Je vous écris très tôt ce matin, à l'heure du laitier, pour vous dire que je vous ai vu dimanche soir à la télévision, chez Christine Ockrent, annoncer en minaudant que vous n'excluiez pas de vous présenter à la prochaine élection présidentielle. Je n'aurai pas l'ironie facile, car je comprends vos raisons. Pour être clair, les candidats de votre mouvance sont loin d'être des pointures. Bayrou, Christine Boutin, Alain Madelin n'engendrent pas dans la jeunesse un élan, un enthousiasme irrésistible. On n'entend pas dire par exemple : « Ouaaaais ! Tous derrière Bayrou et son bus au colza baptisé Air Force One ! » Non, ça ne le fait pas.

Mais si je comprends vos raisons, comprenez mes réserves. Ce n'est pas votre âge qui me gêne. Je vous l'accorde, vous n'êtes plus tout jeune, vous avez soixante-quinze ans. Mais Roger Hanin n'a que deux ans de plus que vous et il fait ses cascades lui-même ! Non, le problème est ailleurs. Je crois, Monsieur Giscard d'Estaing, que les Français ne vous aiment pas. Ils vous ont élu sur une phrase géniale assenée à Mitterrand un soir de débat : « Vous n'avez pas le monopole du cœur. » Mais vous le savez, par la suite, il exista toujours une distance entre les Français et vous.

Par exemple, les Français aimaient de Gaulle, c'était le père. Je me souviens qu'enfant, dans ma banlieue ouvrière pourtant communiste, même les vendeurs de *L'Humanité-Dimanche* l'appelaient le « Grand Charles » avec des tendresses dans la voix.

Les Français aimaient Pompidou. Pour ses rondeurs, ses racines auvergnates. Ils aimaient aussi Mitterrand, florentin et magouilleur. Ils aiment Jacques Chirac, tellement sympa…

Mais vous, Monsieur Giscard d'Estaing, les Français ne vous aiment pas. D'abord vous êtes tout raide. Même quand vous jouiez de l'accordéon chez Danièle Gilbert… Tiens, encore une qui pense qu'elle va revenir ! Je me souviens de cette image surréaliste où l'on vous voyait vêtu d'un pull-over — quelle audace ! — interpréter *Je cherche fortune* en vous accompagnant à l'accordéon…

Déjà, comme instrument de musique, l'accordéon ne vous va pas. Que ce soit la version urbaine, accent parigot, casquette de travers et foulard d'apache, ou rurale, orchestre de bal, costume bleu pétrole et couperose d'alcoolo, rien de tout ça ne colle avec votre image. On vous imagine jouer du cor de chasse, interpréter des études de Chopin au piano, mais l'accordéon, franchement, non.

Vous jouiez assis tout raide en chantant trois mesures après l'accompagnement, c'est-à-dire que vous vous concentriez pour trouver la note. Une fois que vous l'aviez trouvée, vous regardiez Danièle Gilbert tout fier, vous la jouiez, vous marquiez à nouveau une pause de satisfaction en regardant Danièle Gilbert… et alors seulement vous chantiez les paroles correspondantes ! C'était surréaliste, on aurait cru de la musique expérimentale !

Puis on vous a vu jouer au foot. Toujours aussi raide. C'était Robocop au Paris-St-Germain…

Et puis, il y avait Anne-Aymone… On avait l'impression d'être ses gueux. Elle regardait le peuple les lèvres pincées, comme si nous étions une horde de « Jacouilles la Fripouille »…

Et puis vos adieux dont on rigole encore lorsque Arthur en diffuse les images, ce bureau où vous souhaitez bonne chance à la France… Et puis cet instant irrésistible où vous dites « Au revoir » en articulant avant de vous lever, toujours raide, et de faire cette sortie interminable… Vous pensiez nous émouvoir, vous nous avez fait hurler de rire.

Vous allez me dire, dans ces temps qui changent il faut un sage qui puisse analyser et prévoir les grandes mutations. Seulement là, il y a encore un problème. Fin 1974, alors que vous étiez président, vous n'avez anticipé ni le premier choc pétrolier, ni la fin des Trente Glorieuses…

Alors même si comme Don Diègue, vous souffrez du cruel souvenir de votre gloire passée, je vous en prie, n'y ajoutez pas le cruel ridicule d'un futur sans avenir.

Lettre à Joey Starr

27/09/2001

Mon cher Joey,

Je t'écris à l'hôpital, où d'après les journaux tu as été admis suite à l'ignoble agression dont tu as été victime dans un restaurant parisien.

Je rappelle les faits. Il y a quelques jours, tu dînais tranquillement dans un restaurant lorsqu'une jeune femme — une de tes ex, précisait l'article — t'a soudainement attaqué avec un tesson de bouteille. Le même article précisait avec perfidie que, bien que la blessure soit superficielle, tu avais tenu malgré tout à aller montrer ta plaie aux urgences.

Là déjà, ça la fout mal pour ton image. « Le rappeur aux dents d'acier qui fracasse les hôtesses de l'air » arrivant aux urgences du CHU pour montrer à l'interne de garde qu'il a un petit bout de verre dans le doigt... C'est plus Mike Tyson, c'est Zaza dans *La cage aux folles* !

Mais j'imagine, mon cher Joey Starr, que ta blessure d'amour-propre doit être infiniment plus douloureuse que l'éraflure du tesson. Et ce n'est pas fini. Car autant te le dire tout de suite, pendant ton séjour à l'hôpital tu vas vivre des moments difficiles...

Déjà, ils t'ont enregistré sous ton vrai nom. Oui, parce que Joey Starr, c'est pas ton vrai nom, c'est ton nom de rebelle. C'est comme Jean-Marie Cavada : c'est son nom de rebelle. En fait, il s'appelle Maurice Bartouchart !... Eh bien toi c'est pareil, et à l'hôpital ils t'appellent par ton vrai nom : Didier Morville. Au début, tu as bien tenté de reprendre l'aide-soignante en disant tout bas : « Non, pas Didier Morville, Joey Starr ! » Elle a répondu « C'est ça, c'est ça », et elle a hurlé « Il a été à la selle ce matin, Didier Morville ? »

Je te préviens, mon cher Joey, le plus difficile ça va être le matin. Tu seras réveillé à 6 h 30 par une aide-soignante qui ouvrira la porte à toute volée en hurlant : « Il va prendre sa température, Didier Morville ! »... Car les aides-soignantes s'adressent le plus souvent à de petites mémés sourdes, pas à des rappeurs insoumis qui ont bobo au doigt. Alors forcément, elles crient et s'adressent aux malades à la troisième personne...

Ensuite, tu attendras pendant une heure ton petit déjeuner. Une heure pendant laquelle ton compagnon de chambre, celui qui vient de se faire poser un anus artificiel, allumera la télé et t'infligera « le téléachat », et la vision terrifiante de Pierre Dhostel — le fils Bellemare, pour qui le mot « blaireau » a été inventé — faire les boutures de géraniums. Et ça, pour toi le rappeur rebelle, l'insoumis, celui qui défie l'ordre établi, regarder Valérie Pascale faire la démonstration de la « boule vapeur » à 6 heures et demie du matin avec un thermomètre entre les fesses, ça va être terriblement humiliant !

Mais je persifle, j'ironise, alors que j'ai plutôt de la tendresse pour toi. Pour être honnête, je dirais que je ne suis pas fou de rap, mais un jeune sans révolte me révolte. Je suis plus effrayé par un jeune giscardien que par les ados coiffés de bonnets cachant leurs regards et qui marchent tête baissée, en regardant le sol, et qui font peur aux Pierre Dhostel…

Akhenaton et K-mel d'Alliance Ethnik, par exemple, outre leur talent, sont des garçons intelligents. Brillants même, et dont le discours est sûrement plus en phase avec la réalité que celui d'un sénateur.

Mais toi, mon cher Joey, tu hurles *Fuck the police* et pourtant tu es pire qu'une caricature de flic. Quand tu rentres chez toi, ivre d'alcool et de pétards, tu te vautres dans un canapé en rotant et en tabassant ta femme si elle ne t'amène pas ta bière assez vite…

Qui sème la violence ne récolte pas le tempo, comme dirait le très poli MC Solaar — le Balladur du rap qui plaît tant aux grands-mères… Non, qui sème la violence récolte la violence. Alors Joey, je te souhaite bonne chance, car je crois que tu n'as pas fini de payer le sale air des rappeurs !

Lettre aux femmes infidèles

28/09/2001

Mesdames,

Je voudrais vous raconter une histoire édifiante.

Avant-hier soir, le JT de M6 nous a montré un toiletteur pour chiens de Nancy dont la femme a pris pour amant l'employé de la banque voisine qui s'occupait de leur compte.

Face à cette situation, le toiletteur a décidé de se venger en informant la population nancéienne de son infortune grâce au déroulant électronique habituellement destiné à annoncer les promotions de sa boutique.

C'est-à-dire qu'au lieu de lire « – 15 % sur les litières pour chats », les Nancéiens ont pu lire « Si vous prenez un compte à la banque Machin, M. Truc ne s'occupera pas seulement de votre compte mais aussi de votre femme ». C'est la phrase authentique.

Et dans le sujet de M6, on voyait le magasin, le déroulant sur le mur et à travers la vitrine, on apercevait le cocu magnifique laver un caniche... Et les enfants qui rentraient de l'école se marraient à la lecture du déroulant, puis se pressaient contre la vitre pour regarder la tête du toiletteur dont la télé avait crypté le visage... Comme s'il y avait dans cette histoire quelque chose d'obscène.

Le premier sourire passé, cette histoire est terrifiante.

Car à l'évidence, ce type n'aime pas sa femme. Si tel était le cas, soit il allait tuer le couple adultère d'une décharge de chevrotine, soit il consacrait sa vie à reconquérir sa femme. Mais cette vengeance vichyste est pour le moins malsaine.

Venons-en à l'autre, le comptable. Quand il a appris que le mari informait toute la ville de sa liaison, au lieu d'aller lui mettre son poing dans la figure, monsieur a porté plainte. Mais tenez-vous bien, il a porté plainte au motif qu'il est marié et que cette publicité intempestive déstabilise son couple légitime ! Monsieur se fait sucer par la toiletteuse mais ne veut surtout pas qu'on salisse son couple légitime. On sent bien le goût de l'employé de banque…

Ah ! il est beau, l'amant ! Ce n'est pas le berger magnifique de *La femme du boulanger* qui l'emmène cheveux au vent dans la nature. Non, là c'est comme disait Jacques Brel « Avec son petit chapeau, avec sa p'tite auto… » On imagine les 5 à 7 dans un hôtel en périphérie, un truc anonyme genre Formule 1, et le petit coup tiré après le boulot… Elle rêvait de Venise et elle se retrouve dans un Formule 1, dans la zone d'activités de Nancy après avoir déjeuné au Courtepaille ! Et l'autre qui fait passer ça en notes de frais…

Et puis dès que le nettoyeur de tiques fait du scandale, l'amant démasqué porte plainte pour montrer à sa femme que rien ne changera, qu'il ne va pas remettre en cause leur couple, les courses à Auchan du samedi, le repas dominical chez la belle-mère à regarder Drucker l'après-midi, bref à remettre en cause un bonheur idyllique pour une salope qui est venue le provoquer à la banque en croisant ses jambes très haut lorsqu'elle a ouvert un compte…

J'ai une pensée pour cette femme qui rêvait d'absolu, cette Bovary moderne qui s'ennuyait dans l'odeur du chenil, avec l'autre qui pétait au lit. Elle rêvait d'un motard qui ressemblerait à Leonardo Di Caprio, qui l'emmènerait sur sa moto, loin de Nancy, loin de ces clébards idiots, à la montagne… Elle ne demandait pas grand-chose, juste marcher dans la neige… Et elle tombe sur un employé de bureau lâche et procédurier…

Alors, elle va rentrer à la maison, la tête basse. Le toiletteur parlera à la chienne qu'il nettoie en lui disant : « Oh ! mais que tu es sale ! Où es-tu allée traîner salope, pendant que le pauvre Médor là, dans sa cage, aboyait à la mort et se faisait du souci ? » Et elle dans un coin, elle pleurera en silence puis se jettera dans ses bras…

Dorénavant, la Pomponnette se méfiera des chiens de race. Ce ne sont souvent que des employés de banque.

LETTRE À BÉBEL

1/10/2001

Cher Jean-Paul Belmondo,

Hier après-midi, je regardais à la télévision Michel Drucker qui recevait Nicolas Sarkozy. Comme à la foire, ce dernier nous présenta son père, sa mère, ses frères et ses sœurs, « ho ho, et c'était le bonheur ! » aurait chanté Claude François. Le père de Sarkozy, prénommé Pal, nous détailla le pedigree de son fils — oui alors ça, « Pedigree Pal », c'est parce que j'ai bien connu Laurent Ruquier. Puis Nicolas Sarkozy fit venir sa femme. C'est-à-dire que maintenant, les hommes politiques incluent l'épouse dans leur programme. C'est tout juste s'il ne lui soulevait pas la lèvre supérieure comme le font les maquignons, pour montrer la qualité dentaire de ce qu'il nous vendait !...

Nicolas Sarkozy était donc en train d'essayer de nous faire croire que sa vie privée était comme son programme politique, limpide et inattaquable... Soudain, comme écœuré par tant de vulgarité, Michel Drucker s'adressa à la caméra, et changea de conversation. Il vous salua, cher Jean-Paul Belmondo, en vous souhaitant bon courage après l'accident cérébro-vasculaire dont vous avez été victime...

Alors, tout en continuant à regarder la télé, mon esprit s'échappa et je me mis à penser à vous. Certes, mon esprit n'eut pas grand mal à s'échapper, puisque Sarkozy s'était mis à chanter avec Didier Barbelivien...

En vous disant ça, je prends conscience de la pauvreté pathétique de mes dimanches après-midi…

Je pensais à vous, cher Jean-Paul Belmondo, comme on pense à un proche. Car il est vrai que vous faites partie de la famille de chacun d'entre nous, depuis toujours. C'est vrai, cher Bébel, qu'on vous avait un peu perdu de vue ces derniers temps. Faut dire que la Cocogirl, les yorkshires et Roland-Garros, c'était pas trop notre truc. Mais on vous aimait quand même… D'ailleurs les gens vous ont toujours aimé. Je me souviens, quand j'étais petit, les adultes disaient « Bébel » comme on disait « Poupou » pour Raymond Poulidor. Et de même que Poupou était toujours deuxième derrière Anquetil, plus beau, plus classe, mais froid et inaccessible, vous étiez le deuxième derrière Alain Delon, plus beau, plus classe, mais froid et inaccessible. Je me souviens aussi que nos parents nous emmenaient voir vos films le dimanche après-midi… Après, on allait manger une glace au pub Renault, dans des vieilles voitures, et le lendemain à l'école on crânait en racontant *L'homme de Rio* à la récré… Puis la télévision diffusa vos films le dimanche soir, à l'heure du dernier petit plaisir avant la semaine… Le lendemain au boulot, on crânait en racontant *L'as des as* à la machine à café… Et ce matin, je fais mon crâneur en vous racontant Sarkozy chez Drucker. Décidément, les temps changent…

Justement, hier soir, Arte diffusait *Les tribulations d'un Chinois en Chine*. Vous étiez beau, cher Jean-Paul, déjà cabossé mais beau. Vous affrontiez en rigolant plein de Chinois patibulaires… Et comme d'habitude vous faisiez vous-même vos cascades... Et là je me suis dit, quelqu'un qui arrive à vaincre une centaine de Chinois en rigolant ne peut pas se laisser avoir par un petit caillot qui fait des siennes dans un vaisseau cérébral, c'est pas possible. Je suis sûr que cette cascade-là aussi, vous allez la réussir...

Vous étiez courageux, cher Bébel. Mais surtout, vous aviez — qu'on me pardonne l'expression — le courage gai. Joyeux. Au milieu des pires embrouilles, vous trouviez le moyen de rire ! Alors nous allons faire comme vous. Nous sommes lundi, il pleut sur Paris et nous avançons au milieu des dangers. La seule façon de s'en sortir, d'oublier cette peur poisseuse, c'est d'y aller en souriant. Grâce à vous, on va se coltiner avec les problèmes en faisant « Toc toc badaboum ! »...

Souvenez-vous, dans le film *Un singe en hiver* vous redonnez la joie de vivre à Jean Gabin, et ce dernier s'exclame : « Môme, t'es mes vingt ans ! » Il avait raison... Rien que pour ça, cher Bébel, accrochez-vous : vous n'avez pas le droit de partir comme ça en emmenant nos vingt ans...

Lettre à Bernard Tapie

2/10/2001

Cher Bernard,

Je t'ai vu à la télévision, samedi après-midi à Guingamp — où l'OM a encore perdu. Vieilli, tassé, épaissi, les cheveux teints comme un marquis florentin, avec ton blazer tu ressemblais à Jean Lefebvre dans la publicité pour le fauteuil-escalier électrique, celle avec sa femme qui l'appelle du premier étage pour lui demander ses lunettes, et l'autre avec son jean bien repassé qui dit : « Tout de suite, ma chérie ! » Un « tout de suite » pour le moins excessif, puisqu'on le voit s'installer dans le fauteuil du monte-escalier électrique et qu'à la vitesse où avance le truc il doit mettre environ quarante-cinq minutes pour arriver là-haut ! Il redescend par le même moyen et l'autre feignasse au premier lui dit : « Chéri, mes lunettes ! » Franchement, tu crois pas qu'elle pourrait regrouper ses exigences ? Et c'est reparti pour une heure et demie de fauteuil-escalier électrique ! Ce qui fait qu'avec les deux expéditions, la matinée est passée…

Eh oui Bernard, tu ressemblais à Delon et tu deviens Jean Lefebvre ! Au point qu'à un moment j'ai cru que tu allais jeter un coussin dans le public en disant « Eh oui, madame !… » Mais tu n'avais pas le cœur à t'amuser. Car l'OM a encore perdu.

Alors pour te remonter le moral, je t'écris pour te donner des nouvelles de personnes que tu as connues mais que les circonstances de la vie t'ont fait perdre de vue.

Tiens, pour commencer tu as le bonjour de Josette. Josette, ça ne te dit rien ? Remarque c'est normal, ça remonte à quinze ans. Souviens-toi, Josette, une petite brune aux cheveux courts qui travaillait à la chaîne dans l'usine Wonder de Saint-Ouen. Elle était ouvrière, Josette, mais elle ressemblait à la môme de la chanson de Jean Ferrat. Elle était toujours gaie, elle faisait marrer ses copines en déconnant à la cantine… Souviens-toi Bernard : début 1986, tu as organisé une réunion dans l'usine. Ce jour-là tu leur as dit qu'ils étaient les meilleurs, que non seulement tu allais sauver tous les emplois mais que tu allais embaucher. Tu as dit que Jacques Séguéla avait conçu une campagne de publicité dans laquelle on te verrait avec des piles dans le dos parodier le lapin Duracell !… Ça l'avait fait rire Josette… Elle était belle lorsqu'elle riait, tu l'avais remarquée et tu avais dit devant tout le monde qu'ils avaient de la chance chez Wonder d'avoir des ouvrières aussi jolies. Elle avait rougi…

Huit mois plus tard tu fermais l'usine. Tu as revu une dernière fois Josette, mais c'était aux infos à la télé. Elle manifestait avec ses copines devant l'usine, les larmes aux yeux, la rage au cœur. Tu te rappelles ? Ce reportage, tu l'as regardé depuis le *Phocéa,* tu sais, le bateau que tu payais avec l'argent des usines que tu fermais.

Alors aujourd'hui, mon cher Bernard, Josette me demande de te transmettre son bon souvenir. Elle le fait à sa façon. Ça doit être un signe rituel d'ouvrière, toujours est-il qu'elle te tend le majeur bien droit en repliant les autres doigts.

Quelqu'un d'autre voulait te saluer. C'est un garçon calme et effacé qui s'appelle Jacques Glassman. Tu te souviens, c'est lui qui a révélé que tu avais voulu acheter le match OM-VA. Je sais, tu as payé pour ça, mais infiniment moins que Glassman. Lui, il s'est fait insulter et cracher dessus sur tous les terrains de France, alors il est parti jouer en amateur à la Réunion. Tout le monde l'a laissé tomber, la Fédération, la Ligue... Maintenant il joue sur la pelouse devant chez lui, avec son môme. Remarque, sa pelouse est impeccable. Son fils ne risque pas de se faire une entorse en mettant le pied dans un trou où tu aurais caché du fric, Bernard. C'est toujours ça...

Tiens c'est drôle, lui aussi te dit bonjour en faisant le même geste que Josette ! Ça doit être un truc de footballeurs...

Et les mômes des cités, tu te souviens ? Tu étais leur ministre, tu leur avais promis des zones franches, des stades, des équipements... Eh bien eux c'est pareil, ils te saluent de la même façon. Ceux de La Vie Claire aussi... Pareil pour Terraillon, Testut, Look et Adidas... C'est fou tous ces doigts levés vers toi !...

En fait Bernard, c'est nous tous qui tendons le majeur à une époque révolue. Tu n'as plus d'avenir dans le foot, tu n'as plus d'avenir dans la politique. Tu n'as plus d'avenir tout court. Ah si, il te reste RMC. C'est bien ce que je disais, tu n'as plus aucun avenir.

Lettre à Marek Halter et à son épouse

3/10/2001

Cher Monsieur Marek Halter,

Chaque matin lorsque j'arrive dans ce studio, Stéphane Paoli me demande à qui s'adresse ma lettre. Lorsque je lui réponds Giscard ou Jean-Marie Cavada, je lis dans ses yeux comme une jubilation, qu'il ponctue généralement en me disant « Vas-y, tape-lui dessus, on va bien se marrer ». Eh oui, Stéphane Paoli a parfois des engouements juvéniles... Mais aujourd'hui, quand je lui ai annoncé que je vous écrivais, cher Marek Halter, j'ai senti chez lui comme une déception. Il m'a dit : « Ah ouais, Marek Halter, super... » Mais je voyais bien que votre personnage ne l'enthousiasmait pas.

Pourtant Stéphane, attendez la suite. Vous aussi, chers auditeurs, attendez avant de zapper sur une autre radio où vous avez toutes les chances de tomber sur Gérard Klein qui, avec sa convivialité légendaire, va vous annoncer : « Salut, c'est Klein, aujourd'hui chez les Mousquetaires Intermarché, j'ai trouvé des filets de merlu à 59,95 francs ! »... Drôle d'époque où des vedettes vendent leur chaleur humaine à des poissonneries de grandes surfaces...

Il est vrai, cher Marek Halter, qu'*a priori* votre personnalité ne prête pas à la déconne. Avec ce visage assyrien, cette barbe carrée qui n'a jamais connu le moindre « Je te tiens, tu me tiens par la barbichette », mais surtout une œuvre austère et une activité d'intellectuel dont on imagine les nuits tourmentées à écrire avec un vieux stylo de nacre traçant une écriture dense, touffue, aride…

Pourtant ce matin vous allez nous faire rire, et surtout redonner de l'espoir à tous les couples qui se sont engueulés hier soir et qui en ce moment même se font la gueule en se préparant à partir au travail dans l'ambiance étrange des lendemains de crise. On a tous connu ça, ces matins où une chape de plomb s'est abattue sur le couple, où l'on déteste les bruits ménagers de l'autre, le tintement des flacons dans la salle de bains, le toaster qui éjecte les tartines grillées… On en veut à l'autre de pouvoir manger des toasts comme si de rien n'était… On guette le moindre bruit de mastication pour le lui faire remarquer… Et on s'en va au boulot chacun de son côté en omettant ostensiblement de se souhaiter « Bonne journée mon Doudou » comme les autres jours… La femme en parlera à midi avec sa meilleure amie, dans une brasserie bruyante, en fumant, les jambes croisées et le pied s'agitant nerveusement… L'homme ne dira rien, il aura un peu honte et gardera tout au long de la journée cette espèce de creux au ventre… Oui, c'est pour dédramatiser tout ça que je vous écris, monsieur Halter.

Car, cher Marek, vous nous avez offert hier soir en direct à la télévision, la plus belle scène de ménage depuis *Qui a peur de Virginia Woolf ?* Vous étiez chez Mireille Dumas, en compagnie de votre épouse Clara. Déjà, rien que ça, le couple Halter chez Mireille Dumas, c'est surprenant.

Dès le début de l'émission, on a senti entre Clara et vous une tension terrible. Avec le pire de tout, les reproches assenés avec le sourire du genre « Mais mon chéri, j'écrivais avant toi ! Tu n'as pas l'air de t'en souvenir ! Et si j'ai arrêté une carrière qui s'annonçait prometteuse, c'est pour te laisser la place ! Monsieur créait, et pendant ce temps-là, qui ramassait les slips sales qu'il laissait traîner sous le lit ?... »

Lorsque vous parliez de vos engagements, Marek, votre épouse levait les yeux au ciel. Du style « Tu ferais mieux de t'engager à ne plus péter au lit ». Bref, on sentait un rapport de force terrible, on imaginait le dialogue au retour dans la voiture :

– Tu fais la gueule, Marek ?
– Mais non, tout va bien.
– Qu'est-ce que j'ai fait encore ?
– Oh ! Ne commence pas, tu veux ! Madame ne supporte pas d'être dans l'ombre, Madame a dit qu'elle avait arrêté sa carrière d'écrivain pour me laisser la place ! Mais ma pauvre fille, c'est surtout que personne n'en voulait de tes bouquins ! C'était nul ! Ça ressemblait à du Alexandre Jardin !...
– Et ton histoire avec l'attachée de presse de chez Gallimard, c'est du Alexandre Jardin peut-être ?...

Voilà pourquoi, cher Marek, je voulais vous remercier ce matin de nous avoir offert cette scène pitoyable : elle va permettre à tous les couples qui se sont réveillés en se faisant la gueule de sourire et de se réconcilier avant d'aller travailler !

Lettre à Christophe Dechavanne

4/10/2001

Cher Christophe Dechavanne,

Je dis « cher » car je vous aimais bien, je riais de bon cœur quand vous filmiez les coucougnettes d'un goret qui courait sur le plateau en hurlant, ou lorsque vous organisiez des débats avec des témoins qui, pour garder leur anonymat, étaient grimés avec une perruque et une fausse barbe qui les faisaient ressembler à Laspallès. Je me souviens en particulier d'un type, directeur de banque le jour et qui la nuit pratiquait le sadomasochisme en se faisant appeler « Sonia la Soubrette », la tête cachée par une cagoule de cuir noir fermée par un cadenas. Ce monsieur expliquait qu'avant, il se sentait mal dans sa peau, mais que depuis qu'il se faisait fouetter chaque nuit en se faisant appeler Sonia il se sentait totalement équilibré !...

Si je vous écris, cher Christophe, c'est que je vous ai vu avant-hier à la télé dans votre nouvelle émission. Vous receviez Corinne Lepage, écologiste de droite, candidate spontanée à la présidence. Candidate spontanée, ça veut dire que c'est Chirac qui l'a désignée pour faire baisser le score des Verts au cas où ces derniers ne se seraient pas complètement autodétruits d'ici là...

Votre émission ronronnait, de lieux communs en propos démagogiques, mais j'étais intrigué par une fiche rouge que vous teniez dans une de vos mains, Christophe, et que vous tapotiez nerveusement contre l'autre... On sentait que vous attendiez l'occasion pour lire cette fiche... Mais comme elle ne venait pas, au moment où Corinne Lepage parlait des cinq cents signatures nécessaires à la candidature vous l'avez interrompue en disant : « Tiens, puisque vous parlez de terrorisme, je voudrais lire un document que j'ai reçu par Internet au sujet des attentats aux USA qui ont eu lieu le... » Et là, gros malin, vous faites semblant de chercher la date. Corinne Lepage, nunuche, tombe dans le panneau et dit : « Le 11 septembre. » C'est ce que vous attendiez. Du coup, vous enchaînez : « Oui, justement le 11 septembre, c'est 11 pour le 11 et 9 pour le mois, si vous faites 1 + 1 + 9, ça fait 11. Le 11 septembre était le 254e jour de l'année, 2 + 5 + 4 = 11, et il restait 111 jours jusqu'à la fin de l'année. Le Pentagone : The Pentagon fait 11 lettres, Afghanistan ça fait aussi 11 lettres, New York City 11 lettres, le premier vol était le numéro 11 dans lequel il y avait 92 passagers, 9 + 2 = 11, dans le deuxième vol il y avait 65 passagers, 6 + 5 = 11, et quand vous regardiez les deux tours de face, elles dessinaient le chiffre 11 ! »... Et là vous concluez : « Voilà, ça fait 10 choses troublantes. La 11e, c'est que le nom d'un des bras droits de Ben Laden possède 11 lettres ! »...

À ce moment précis, vous avez regardé la caméra avec gravité et vous avez dit : « Je suis extrêmement troublé. »

Alors, cher Christophe Dechavanne, moi aussi pour être franc, je suis extrêmement troublé par autant de conneries sur une grande chaîne de télé à une heure de grande écoute. Car franchement, cette numérologie de Prisunic — que même Élisabeth Tessier n'aurait pas osé élaborer — va contribuer à troubler des âmes fragiles ou choquées et alimenter les sectes de tous ordres qui ne vont pas manquer de proliférer. Parfois, on se demande où est l'obscurantisme. Pourtant vous avez raison, cher Christophe, certaines coïncidences sont troublantes. Je signale d'ailleurs à votre attention que « Mickey Mouse » fait 11 lettres, « Chevènement » 11 lettres — je vous rappelle qu'il est revenu de l'au-delà — « Méhaignerie » 11 lettres — je vous rappelle qu'il est toujours dans l'au-delà —, et puis surtout écoutez bien, « Muriel Robin », 11 lettres !

En fait, vous l'avez compris, les attentats suicides de New York sont le fruit d'un complot terroriste ourdi par une organisation internationale de comiques comprenant Mickey, Chevènement, Méhaignerie et Muriel Robin.

Ah, une dernière chose, cher Christophe : imbécillité, ça fait aussi 11 lettres.

Lettre à un hindou qui se balade le doigt en l'air

5/10/2001

Monsieur,

Je vous vois très souvent dans une publicité à la télévision, et si je vous écris aujourd'hui, c'est pour vous dire à quel point vous m'intriguez.

Au début du spot, vous marchez au milieu de la foule grouillante dans une ville indienne, et ce qui frappe d'entrée c'est qu'on voit bien que votre costume traditionnel n'a pas été fabriqué à Bombay : c'est un petit ensemble en soie naturelle de chez Dior. Bref, vous êtes un hindou de Ville-d'Avray — mais passons. Ce qu'on remarque surtout, c'est que vous gardez en permanence l'index de la main droite levé.

Et ce doigt en l'air nous intrigue. On cherche une signification… « Les envahisseurs ? » Non, c'était le petit doigt. Les gens qui ont eu affaire à Bernard Tapie ? Non, c'est un autre doigt… Alors on se dit que vous devez être une sorte de sage, un gourou. Vous nous rappelez Siddartha et vous nous renvoyez à toute une époque post-soixante-huitarde où nous partions en 2 CV en Inde et au Népal, une époque que nous avons tous connue, une époque où Jean-Marie Cavada lui-même n'était pas le dernier à tirer sur le shilom en chantant « C'est une maison bleue, adossée à la colline… » !

Vous, monsieur l'hindou, vous vous promenez avec l'index relevé, puis, dans le plan suivant, on vous voit dans un avion, assis en classe affaires — ben voyons, faut pas se gêner ! C'est la boîte de pub qui paye, donc en classe affaires, l'index toujours levé. Là, on se dit que votre challenge, votre défi, c'est de ne jamais baisser votre doigt quoi qu'il arrive. C'est comme une espèce de yoga. Bon, d'accord. Seulement je voudrais que vous m'expliquiez comment vous avez fait à l'aéroport, d'une seule main. Pour vos bagages, votre passeport et votre carte d'embarquement... Probable qu'une vieille dame charitable, vous prenant pour un demeuré avec votre doigt levé, vous a aidé. Ah ! il est beau le gourou Maharishi qui se fait porter la valise par une mamie aux cheveux bleus sous prétexte que monsieur a parié avec ses potes de bistrot qu'il garderait le doigt levé !... Bon, vous êtes dans l'avion, le doigt toujours levé. L'hôtesse arrive immédiatement et vous demande : « Vous désirez, monsieur ? » Vous, toujours zen, impassible, vous ne répondez pas, vous continuez à regarder fixement devant vous... Elle est revenue dix-sept fois, l'hôtesse ! À la fin elle est retournée dans son petit local et elle a fait une crise nerveuse ! Sa copine Jocelyne lui a demandé ce qui se passait, elle a dit : « C'est encore l'hindou du siège 27 A qui lève le doigt. Vas-y toi, parce que moi j'peux plus... » Quand Jocelyne est revenue, elle a dit : « Ben dis donc Martine, c'est vrai que ton hindou il est bizarre ! Avec tout ce qui se passe en ce moment, faudrait peut-être en parler au commandant de bord !... » L'hôtesse va voir le commandant et lui dit : « Y a un type bizarre avec un turban qui tient le doigt levé en permanence. » Là évidemment, en ces temps de détournements, le pilote se dit « Merde, j'ai un taliban dans l'avion ». Il demande au copilote de prendre les commandes et avec l'aide des stewards il vous saute dessus et vous roue de coups en disant : « Alors comme ça, monsieur voulait nous emmener au ciel ? Eh ben, tiens, prends ça dans la gueule ! Et tiens, un coup de pied dans les parties pour Ben Laden ! » Puis ils vous balancent dans la soute où vous finissez le voyage par moins 10…

Arrivé à Roissy vous prenez un taxi. On imagine les regards inquiets du conducteur dans le rétro. N'y tenant plus, il finit par vous demander : « Excusez-moi m'sieur, mais si vous pouviez baisser votre doigt… J'ai l'impression que vous vous foutez de ma gueule, là. Dans mon taxi on fume pas et on met pas le doigt en l'air »… Vous, stoïque, vous continuez. Enfin vous continuez un peu mais pas trop, vu que le chauffeur s'est arrêté à une station de taxis et avec l'aide de ses potes vous tabasse en disant : « Tu vas l'baisser ton doigt, sale niaquoué ? » Vous finissez par marcher dans Paris, — vous avez du mal, à cause des deux côtes cassées —, et puis soudain on voit un jeune con boutonneux poser sa chaussure sur une borne en ciment. Son lacet est défait, et vous arrivez juste à temps pour poser votre index sur sa chaussure de façon à permettre à l'autre feignasse de faire son nœud !

Et là, une voix off explique que grâce à Wanadoo, les hommes communiquent. Les hommes qui communiquent, c'est un sage hindou qui fait 12 000 kilomètres pour attacher le lacet d'un branleur occidental ? Je me demande s'ils se foutent pas un peu du monde chez Wanadoo !

Lettre au petit animal malchanceux qui a creusé son terrier derrière Ben Laden

8/10/2001

Cher petit loir,

Je ne te connais pas. Je ne sais même pas si tu es un loir. Peut-être es-tu une belette ou un furet, mais on va dire que tu es un loir, parce que je ne suis pas sûr qu'il y ait des belettes et des furets en Afghanistan. Pourtant, si je ne te connais pas, je connais ta maison. Et permets-moi de te dire que tu n'as pas de chance car le monde entier la connaît, ta maison, puisque le monde entier l'a vue dans cette vidéo de Ben Laden diffusée par toutes les télés ces derniers jours. On ne voit que ça, ce trou que tu as creusé dans la roche friable, juste au-dessus de la kalachnikov.

On ne voit que ton terrier, car le réflexe de chacun en voyant ces images a été de chercher un indice permettant d'identifier le lieu où elles avaient été tournées. Et le seul indice, le seul repère sur ces images, c'est le trou de ton terrier. On imagine tous les experts de la CIA en train d'agrandir les images de ta tanière, de les comparer avec d'autres terriers d'images satellitaires, pour essayer de le localiser. Le monde entier connaît ta maison, mais personne ne s'intéresse à toi, petit loir, ni à ta famille. Voilà pourquoi ce matin, je t'envoie ce petit mot.

Tout d'abord permets-moi de te féliciter. On voit que tu t'es appliqué pour creuser ce terrier. Tu y as mis tout ton cœur, tu y as passé du temps, on sent que ça t'a pris tout l'été dernier à griffer la terre entre les pierres pour creuser ce passage. Tu as emménagé début septembre. Tu étais fier de montrer ce nid d'amour à ta femelle. Elle, elle était ravie, émue, et elle a dit : « C'est bien, ça a l'air calme. » Tu lui as fait remarquer que la roche était exposée plein sud, et elle t'a embrassé en sautant de joie et en disant : « Oh, chui contente, chui contente ! » Alors, faussement modeste, tu as regardé tes ongles en sifflotant... Et puis vous avez inauguré ce terrier en faisant des bébés qui passeront l'hiver avec vous, bien au chaud, dans un cocooning de six mois d'hibernation. Car l'hiver est long en Afghanistan, et il commence fin octobre. Bon, évidemment, il y a eu un problème pour les provisions. Ça fait longtemps qu'il n'y a plus de noisettes dans ce pays. Mais à force de persévérance, tu as fini par trouver quelques glands et un peu d'herbe. Tu te méfies de cette herbe qui parfois te fait tourner la tête... Il paraît que c'est normal, c'est de l'afghane...

Tu aurais bien aimé graver une connerie sur la pierre à l'entrée du terrier, du genre « Sam suffit », ou « Do mi si la do ré », mais ce sont des choses réservées aux habitations des humains, car il faut être intelligent pour écrire une connerie...

Quelque temps plus tard, les bébés sont nés, et vous étiez en train de les installer dans le terrier lorsque tu as entendu du bruit. Tu as couru à l'entrée, tu as regardé prudemment à l'extérieur, et c'est là que tu les as vus. Un groupe de barbus armés. Tu as cru t'évanouir lorsque l'un d'entre eux a dit : « Tiens, on va s'installer ici, on sera bien, c'est calme et c'est exposé plein sud, comme ça l'image sera bonne pour les vidéos. » Et puis, au fil du temps, tu t'es aperçu que ces nouveaux voisins étaient calmes. Ils passaient leur journée à réciter des prières, boire du thé et parler entre eux doucement. Tu commençais à t'habituer à eux lorsqu'il y a quelques jours, un matin où tu glissais ton museau à l'extérieur, tu as vu qu'ils étaient partis... Tu es rentré annoncer la nouvelle à ta femme, et elle t'a dit « Au moins maintenant, on est tranquilles... »

C'est à cet instant précis que ça a commencé. Une première explosion, puis une autre et puis des centaines. Ça a duré des heures, ta femme et tes bébés se sont serrés contre toi, tu sentais leur cœur qui battait... Et ta femme t'a demandé : « Mais qu'est-ce qu'il se passe ? »... Il se passe, petit loir, qu'une armée d'avions est juste en train de balancer 15 000 tonnes de bombes sur ton terrier « Sam suffit », et que dans les dernières images qu'on a reçues on ne voit plus le trou dans le rocher. On ne voit plus le rocher non plus d'ailleurs, les images sont verdâtres, comme si le commandant Cousteau filmait le fond d'une mare avec de temps à autre des lucioles qui tombent dans l'eau...

D'après ce qu'on a compris, ça ne fait que commencer. Alors, va te cacher tout au fond de ton terrier, oublie les images verdâtres, serre ta famille contre toi, et restez blottis bien au chaud jusqu'au printemps, le temps que les hommes se lassent.

Tout à l'heure, je disais que tu n'avais pas de chance. Finalement c'est faux. Tu as de la chance, car nous aussi, on aimerait bien rester blottis au chaud contre ceux qu'on aime, le temps que les hommes se lassent...

Lettre à Jean-Pierre Gaillard, chroniqueur boursier

9/10/2001

Cher Jean-Pierre Gaillard de la Bourse de Paris,

Pourquoi le nier ? Vous êtes un personnage fascinant. Vous vivez au palais Brongniart, dans un bureau décoré sobrement d'une photo d'Antoine Pinay, un bureau où vous passez des journées entières reclus entre vos chroniques pour France Inter, France Info ou LCI. Au point que parfois, vous ne savez plus où vous en êtes et vous concluez votre intervention sur Inter en disant « Ici Jean-Pierre Gaillard, à la Bourse de Paris pour LCI »…

Jean-Pierre Gaillard, si j'écoute la chronique boursière c'est uniquement pour vous. Au son de votre voix, on devine immédiatement la tendance du jour. Si la Bourse baisse, par un phénomène freudien, vous vous étranglez. C'est vrai, j'ai remarqué ça… Mais si les cours sont en hausse, vous avez des enthousiasmes d'enfant, des exaltations juvéniles qui nous émeuvent !

Pourtant, si je vous écris aujourd'hui, c'est parce qu'il faut que la France entière sache que vous êtes en danger. Depuis longtemps, chaque soir, pour vous détendre, vous avez pris l'habitude de vous allonger sur le canapé de votre bureau, de remonter vos manches de chemise et de sniffer un petit compte d'exploitation… Oh, bien sûr, ce n'est pas très grave, c'est d'la PME, pas plus de 10 millions de chiffre d'affaires ! Mais très vite, vous êtes devenu dépendant. Ensuite vous avez eu besoin de choses plus fortes, vous vous êtes mis à consommer des obligations, de l'emprunt Giscard… Et puis un jour funeste, un de ces personnages sombres qui rôdent près de la Bourse vous a dit d'une voix sourde : « J'ai d'la Saint-Gobain. T'en veux ? C'est d'la bonne ! »…

Depuis ce jour, vous n'avez jamais pu décrocher. Et lorsqu'on vous voit maintenant sur LCI, mal rasé, avec ces suées qui ruissellent sur ce visage qui fut beau, on mesure les ravages des drogues financières.

Comme toute dépendance, les causes remontent à l'enfance. C'était dans les années 1960, vous étiez encore vierge. Un jour, vous êtes entré dans le bureau de votre papa et là, curieux comme tous les enfants de votre âge, vous êtes monté sur un escabeau pour aller chercher tout en haut de la bibliothèque les ouvrages interdits. C'étaient des procès-verbaux de conseils d'administration. Il y avait tout, les comptes d'exploitation, les bilans, les plans d'investissement… et surtout ce que vous cherchiez fébrilement : la répartition des bénéfices aux actionnaires ! Et pour la première fois vous avez senti en vous quelque chose d'étrange : vous bandiez Jean-Pierre, vous bandiez !…

Puis vous êtes tombé amoureux, pour la première fois. Un magnifique compte de pertes et profits. Et c'est vrai qu'il était beau, avec sa plus-value pour variation des changes. Mais ça ne dura pas. Après avoir vécu quelque temps avec une augmentation de capital —faut dire qu'elle était belle, cette augmentation de capital —, vous avez rencontré l'amour de votre vie. Elle s'appelle Wanadoo. Il était même question de mariage, mais ça n'a pas marché. Dans *Marianne* cette semaine, un article délateur vous désigne comme l'un de ceux qui ont ruiné les épargnants en leur conseillant Wanadoo. Ils ont oublié de parler de votre souffrance, Jean-Pierre.

L'autre jour on se demandait pourquoi l'hindou de la pub Wanadoo avait toujours l'index levé. Aujourd'hui on le sait : c'est pour essuyer vos larmes, Jean-Pierre Gaillard.

Index des noms cités

Mon Tendre Amour

Ce petit cadeau pour te

Remercier de toute la

tendresse que tu nous donnes.

J'espère que tu passeras

d'agréables moments de détente

en compagnie de ce grand

monsieur qui sait si bien

manier la plume et délivrer

les mots

Je t'aime très fort

Christine

Composé par Nord Compo à Villeneuve-d'Ascq

Impression réalisée sur Presse Offset par

BRODARD & TAUPIN

GROUPE CPI

16856 – La Flèche (Sarthe), le 16-01-2003
Dépôt légal : février 2003

POCKET – 12, avenue d'Italie - 75627 Paris cedex 13
Tél. : 01.44.16.05.00

Imprimé en France